LA
ABADÍA

TAMBIÉN DE JAMES MARTIN, SJ

Jesús

Juntos de retiro

*Tiene gracia... La alegría, el humor
y la risa en la vida espiritual*

Más en las obras que en las palabras

Mi vida con los santos

LA ABADÍA

Una historia de descubrimiento

JAMES MARTIN, SJ

HarperCollins *Español*

LA ABADÍA © 2016 por James Martin, SJ
Publicado por HarperCollins Español® en Nashville, Tennessee, Estados Unidos de América.
HarperCollins Español es una marca registrada de HarperCollins Christian Publishing.

Título en inglés: *The Abbey*
© 2015 por James Martin, SJ
Publicado por HarperOne

Editora en Jefe: *Graciela Lelli*
Traducción: *Santiago Ochoa Cadavid*
Adaptación del diseño al español: *Grupo Nivel Uno, Inc.*

ISBN: 978-0-71807-895-9

IMPRIMI POTEST: Estimado Reverendo John Cecero, SJ

Impreso en Estados Unidos de América
16 17 18 19 20 DCI 9 8 7 6 5 4 3 2 1

A M.

LA ABADÍA

I

Cuando la bola de béisbol entró a través de la ventana rompiendo los vidrios, Mark se acordó de Ted Williams.

Alguna vez, había leído que la gran estrella de los Medias Rojas afirmaba que cuando una bola rápida venía hacia él en el plato, podía verle las costuras. Mark no pudo vérselas, pero era evidente que la bola se dirigía directamente a él. Una línea rápida, habría dicho el relator deportivo, y él casi habría podido oír los juegos de los Medias Rojas que su padre escuchaba durante el verano. En aquel entonces, junio, julio y agosto parecían un interminable juego de béisbol.

Por un segundo, la bola pareció detenerse en el aire pero luego se hizo más grande, como un globo en rápida expansión.

De un brinco, Mark se salió de su trayectoria justo antes de que se estrellara aparatosamente contra el librero de madera de arce que estaba detrás él, deteniéndola como si se tratara de un *catcher*. La bola derribó unos cuantos libros para terminar aterrizando con un golpe seco sobre la alfombra.

«¡Rayos!» dijo a nadie en particular.

A través del cristal roto, miró al patio vecino. Sabía bien hacia dónde dirigir la vista: hacia aquel sitio donde acostumbraban organizar sus grandes juegos de pelota y hacían demasiado ruido. Sus tres amiguitos que vivían en la misma calle eran simpáticos pero a veces se ponían bastante fastidiosos.

—¿Qué demonios hacen? —les gritó, enfadado en cuanto los vio.

—¡Lo sentimos! —le respondieron los tres al mismo tiempo.

El patio colindante con el suyo estaba en un nivel más bajo. A Mark siempre le habían intrigado las extrañas ondulaciones del terreno en su barrio. En algunos lugares, el césped estaba más alto que en otros. No había dejado de pensar que cualquier día su casa desaparecería, engullida por unos sumideros monstruosos que mostraban en las noticias; sin embargo, se tranquilizaba pensando que quizás no se trataba más que de depresiones naturales. Nada por qué preocuparse. Ahora, esos pensamientos lo hacían exagerar un poco la ventaja que tenía sobre ellos, al mirarlos desde la altura.

—¡Es casi medianoche! —les gritó. Se trataba, obviamente, de una exageración porque eran apenas las nueve; sin embargo, su enfado le hizo pasar por alto su error. E insistió, hablando aún más fuerte.

—¿Qué demonios hacen jugando béisbol a estas horas? ¿*Y quién* —se preguntó a sí mismo— *anda por estos días por ahí rompiendo ventanas con bolas de béisbol?* Se sintió como si estuviera protagonizando una comedia televisiva de los años sesenta.

Los chicos subieron la pendiente y entraron al patio de Mark. Parados a unos pocos metros de la ventana dañada y mientras contemplaban los fragmentos de vidrios destellar sobre el césped, trataron sin éxito de ocultar su estupefacción por el daño que habían causado.

A Mark se le hizo extraño ver a los tres chicos parados allí, sin moverse. Normalmente los veía corretear por el barrio, ya fuera en sus bicicletas o, más recientemente, en uno de los autos de sus padres. Solo unos días atrás, uno de ellos por poco lo atropella mientras iba por la calle conduciendo su bicicleta con las manos sueltas. Pero ahora estaban paralizados, aparentemente agobiados por la culpa. A medida que se acercaban un poco más a la ventana rota, Mark sintió aflorar su empatía.

—Ah... lo siento, Mark —dijo uno de ellos mirando hacia arriba. Luego corrigió—: Perdón, señor Matthews.

Sus caras, vueltas hacia arriba, hacían que los chicos, que no tenían más de dieciséis años, parecieran más jóvenes.

Qué nombre tan tonto, se dijo Mark, y no era la primera vez que pensaba así. Mark (Marcos) era un nombre insulso para todos, salvo para las personas religiosas que le preguntaban con frecuencia si por casualidad sus hermanos se llamaban Lucas y Juan.[1] Hacía mucho tiempo que se había prometido que cuando tuviera hijos les pondría nombres diferentes.

Cuando salía con alguna muchacha, solía preguntarle qué nombres escogería para sus hijos. Dejó de hacerles esa pregunta cuando se dio cuenta que ellas se asustaban, pues relacionaban la pregunta con anillo de compromiso. De vez en cuando, sin embargo, antes de quedarse dormido en la noche pensaba en nombres para sus hijos. A sus treinta años, le estaba empezando a preocupar si alguna vez encontraría a alguien...

---

1. La referencia aquí es a los nombres de tres de los cuatro autores de los Evangelios; es decir, Marcos, Lucas y Juan (el cuarto se llamaba Mateo).

Los tres muchachos no dejaban de mirarlo. Mark dio un paso y sintió el cristal crujir bajo sus pies. Tendría que decírselo a Anne, su casera, y de seguro que ella se pondría furiosa. Y ese pensamiento hizo que se enojara de nuevo.

—¿Podrían decirme quién va a pagar por este lío? —les preguntó como si fuera su padre. ¿Habría una especie de guion interno para estos eventos, y al que su disco duro mental accediera de forma automática?

—Mmm... nosotros —respondió Brad, a quien Mark consideraba el líder del grupo—. ¿Le parece bien?

—Sí, de acuerdo —asintió—. Sé que fue un accidente. Yo también solía hacer estos descalabros. Y sé que ustedes son chicos buenos...

Los tres muchachos se alegraron de oír eso. Uno de ellos sonrió con alivio, quiso decir algo pero se contuvo, y se limitó a fruncir el ceño.

—Así que —dijo Mark—, simplemente vuelvan mañana, y entonces hablaremos de costo. ¿De acuerdo?

—De acuerdo.

Luego se dispersaron en tres direcciones diferentes, uno cargando un bate, y todos con sus guantes debajo del brazo. El pequeño incidente fue lo suficientemente importante para ellos como para que se inquietaran, terminaran con su camaradería nocturna, y regresaran a sus respectivas casas.

Mark recordó lo que le había dicho el padre de Brad después de que su hijo aprobara el examen de conducir. Estaba lavando su auto cuando Brad llegó a la casa vecina conduciendo su automóvil. Después de su exitosa cita en el Departamento de Vehículos Motorizados, cita que había esperado durante mucho tiempo, el muchacho estaba tan emocionado que se olvidó de actuar cool. Se puso a tocar el claxon y por la ventana abierta, gritó, eufórico:

—¡Mark, pasé! ¡Pasé, pasé, pasé!

En seguida Brad se bajó del auto, dio un portazo, corrió por las escaleras de su casa subiendo los peldaños de dos en dos, y abrió la puerta.

—¡Mamá! ¡Pasé!

Su padre, un hombre corpulento, sonrió con picardía mientras salía del auto.

—Felicitaciones —le dijo Mark—. Ya tiene dieciséis. Crecen rápido, ¿eh?

—¿Hablas en serio? —repuso el padre de Brad—. ¡Han sido los dieciséis años más largos de mi vida!

Mark miró hacia el patio cada vez más oscuro y oyó los grillos cantar. *Después de limpiar este desastre,* pensó, *voy a tener que cubrir esta ventana con un plástico.*

2

Mientras estiraba su cuerpo larguirucho en la cama, el primer pensamiento de Mark no fue que era sábado, y que podría descansar después de haber estado lijando y pintando la cerca del monasterio, sino que tendría que contarle a su casera el incidente de la ventana rota y averiguar quién podría repararla. Anne era muy estricta con eso.

«Si tienes que hacer cualquier tipo de reparaciones», le había dicho tras alquilarle la casa, «quiero que me informes. Y yo te voy a decir a quién llamar. No quiero que llames a cualquier patán».

Mientras ella le hablaba, él la miraba desapasionadamente. Se había esforzado para no recordarle que era un carpintero experimentado, por no hablar de un arquitecto. Ella pareció leer su mente, algo que a él se le antojó alarmante y atractivo a un mismo tiempo.

«Sé que eres carpintero», le dijo, «así que no es nada personal. Simplemente me gusta conocer a la gente que haga trabajos en mi casa. Estoy segura de que puedes entender eso».

Él asintió cortésmente.

Unas horas más tarde, con el sol en lo alto y las cigarras proclamando la humedad que se avecinaba, se dirigió a la casa de Anne, que estaba muy cerca de la suya. Mark se sentía como si fuera el dueño de la cuadra, a pesar de que solo llevaba un año viviendo allí. «Mi barrio», le gustaba decirles a sus amigos, algo que no había dicho desde que era un niño en Boston. Las casas de ladrillo, de dos plantas y de poca altura, construidas a finales de los años cincuenta, estaban bien mantenidas por sus propietarios, principalmente parejas jóvenes con niños, personas sin hijos a cargo, y viudas. Mark era un inquilino peculiar, algo que despertó inicialmente no solo la curiosidad de sus vecinos, sino también su sospecha. Pero luego de trabajar de vez en cuando para ellos —ayudándole a uno a construir un muro de piedra en el jardín; enseñándole a otro a perfeccionar la técnica del estuco; paleando nieve cuando se lo pedían las señoras mayores, quienes parecían esconderse en sus casas salvo cuando había que hacer un trabajo; y de ser amable con los chicos adolescentes, que admiraban sus citas frecuentes con mujeres atractivas—, al cabo de unos meses se ganó un lugar en el barrio.

La calle se ve mejor en primavera, pensó, con los grandes arces desplegando sus hojas color verde pálido, los cornejos exhibiendo sus flores blancas de corta duración, y los cerezos ornamentales luciendo sus impresionantes flores rosadas. Esa misma semana, las lilas que bordeaban un costado de su casa rebosaban con sus flores color púrpura claro. El día anterior, antes de salir a su trabajo, Mark se había detenido para disfrutar el aroma de las lilas que inundaba el aire. La única nota discordante era el rugido de los sopladores de hojas, las podadoras de hierba y las cortadoras de césped, que atentaban contra el silencio los fines de semana en primavera, verano y otoño.

La casa de Anne se parecía a la suya; ella se había asegurado de eso. Tenía los mismos arbustos de tejo esmeradamente recortados, los mismos canteros de flores en piedra, y los mismos faroles negros y altos en los jardines delanteros que le anunciaban al barrio que tanto la casa número 105 como la 111 eran suyas. Su exmarido, había oído Mark, le pidió que por lo menos pintaran las casas de colores diferentes. Esa, al parecer, era una de las pocas batallas que había ganado. Y así, la casa de Anne estaba pintada de rojo, y la de Mark —o más bien, la otra casa de Anne—, lo estaba de blanco.

Había un vidrio largo, transparente y ovalado en el centro de la puerta principal, por lo que Mark podía ver la sala de Anne. Tocó la puerta con suavidad.

«¿Hay alguien en casa?»

Inmediatamente, el perrito bullicioso de su casera, como él lo llamaba, bajó corriendo las escaleras desde el segundo piso, se plantó frente a la ventana, y empezó a ladrar frenéticamente. Al ver que Mark permanecía allí, gruñía y le mostraba los dientes. Mark reparó en el reflejo de su cabello largo y rubio mientras miraba al perro fijamente. Tal vez debería cortárselo ese mismo día. *¿Por qué las personas deciden comprar perritos como este?*

Anne apareció y abrió la puerta.

—¡Cállate!

Al ver la sorpresa en el rostro de Mark, agregó:

—No le hagas caso. Es un perro loco.

Lo hizo a un lado con el pie izquierdo, abrió la puerta de malla y salió. Quedó tan encima de Mark que este estuvo a punto de caer por los peldaños de concreto. Sin embargo, alcanzó a retroceder y bajar una grada. Ahora estaba más o menos a la altura de ella.

—¡Te deja sin aliento! —dijo ella en referencia al clima, aunque bien pudo estarse refiriendo a sí misma. A sus cuarenta años, Anne lucía espléndidamente. Tenía el cabello castaño claro peinado hacia atrás en un estilo práctico, algunos mechones colgaban sobre su frente y otros pocos, casi imperceptibles, se enroscaban alrededor de sus ojos azules. Hoy llevaba pantalones de yoga grises, chanclas rosadas y una camiseta verde y blanca de los Eagles.

—Sí. Y me temo que más tarde se pondrá insoportable.

—¡Es horrible! —dijo ella, mirando el cielo—. Odio esta humedad. Mi mamá solía llamarla «bochorno». Y bueno, ¿cómo estás, Mark? ¿Sigues haciendo el trabajo que los hombres deberían hacer sin esperar que sean otros los que los hagan?

En su primer encuentro con Anne, Mark le había descrito su trabajo en el monasterio, a lo que ella había reaccionado enérgicamente.

—¡Pintar, rastrillar hojas, reparar tuberías, y encargarse de la plomería es algo que los hombres deberían ser capaces de hacer! Yo misma lo hago —había afirmado.

—No es que no sean capaces de hacerlo —había contestado él, sin querer enfrascarse en un debate—. «Es que no pueden hacer *todo* eso, y algunos son bastante viejos. Además, hay otros que no saben cómo hacerlo. Esos tipos son geniales, realmente geniales —bueno, la mayoría de ellos—, pero dales un martillo a algunos y no sabrán por dónde agarrarlo. Hay algunos que son increíblemente talentosos para esas cosas. El hermano Michael, por ejemplo. Él construyó buena parte de ese monasterio sin ayuda de nadie. De hecho, diseñó la casa de huéspedes y...

—De acuerdo —había dicho ella; parecía molesta.

Mark quería seguir defendiendo a los monjes, pero luego recordó por qué estaba allí, y que tal vez ella se molestaría aún más por el incidente de la ventana; así es que, con tono despreocupado, añadió:

—De todos modos, me gusta FESOL.[2]

Ella lo miró fijamente.

—¿Fesol?

—Así es como le digo —señaló Mark—. El nombre del monasterio es Abadía de Felipe y Santiago. Sabes que allí se prepara mermelada. Todos aquí le dicen P&J pero yo le digo FESOL: Felices y Solitarios. Al abad le parece gracioso.

—Ajá.

Ella lo miraba como si tratara de encontrar la manera de hacer que se marchara.

—¿Pero qué es lo que te trae por aquí?

—No te va a gustar lo que te voy a decir.

—¿Qué pasó ahora?

—Unos chicos estaban jugando béisbol anoche y rompieron la ventana de atrás de tu casa con la bola.

—¡Ay, Dios! —exclamó ella, sonando más cansada que enojada.

—Pero no te preocupes. Puedo llamar a un vidriero: alguien que sepa arreglar ventanas.

—Sí, sé muy bien qué es un *vidriero*.

—No quise decir eso —dijo él, sonrojándose de nuevo—. Es un asunto sencillo. No hubo daños en la estructura. Y los chicos dijeron que pagarían por ello.

—Querrás decir que sus padres ¿verdad? —replicó ella—. Te daré el nombre del tipo que me hace las reparaciones.

2. En el original, se hace un simpático juego de palabras con los nombres de Felipe y Santiago. En inglés, Felipe es Philip y Santiago es James. Todos se refieren al monasterio como la Abadía PB&J. Pero a las iniciales PB&J se las interpreta como Peanut Butter (mantequilla de maní) y Jelly (mermelada). La idea se completa cuando recordamos que allí los monjes preparan mermelada. Para la versión en español, el traductor ha usado FESOL (Felices y Solitarios), expresión que adquirirá mayor sentido más adelante en el libro cuando se haga referencia a un juego de cartas.

Ella abrió la puerta, y Mark sintió que el aire acondicionado le acariciaba sus piernas desnudas. El perro bullicioso se abalanzó sobre él, pero el pie de Anne se interpuso en su camino. El perro ladró detrás de la puerta mientras Mark veía a Anne hurgar en los cajones de un armario. En las paredes se podían ver fotos enmarcadas de Anne y sus amigas, y muchas de su hijo. Había una foto escolar, en la que este sonreía delante de un fondo falso de cielo azul claro y nubes blancas esponjadas, vestido con una camisa blanca. Su pelo castaño claro y su piel blanca le daba un gran parecido con Anne.

—Toma —le dijo ella, entregándole una tarjeta de negocios a través de la puerta abierta—. Puedes llamar a este tipo. Él sabe lo que hace. Lo siento si estoy un poco apresurada. Tengo una clase de yoga, y miles de cosas que hacer. ¿Todo lo demás está bien en casa?

El perro ladró con insolencia.

—Sí —respondió él—. Y me gusta mucho vivir allí.

—Me alegra oír eso —repuso ella, sonriendo—. Disfruta el día. Relájate.

Cerró la puerta y mientras se retiraba, la oyó decir: «¡Cállate, *perro* desquiciado!».

Al llegar a la calle, vio al trío de muchachos rompedores de ventanas rodar en sus aporreadas patinetas y, gritándose entre sí. En cuanto vieron a Mark enmudecieron, seguramente recordando el batazo de la noche anterior. Pero cuando él los saludó con la mano, sus patinetas chirriaron hasta detenerse en la acera.

—Oye, Mark —dijo Brad, extendiéndole la mano—. Muy pronto le traeremos el dinero.

Mark le estrechó la mano.

Los otros dos, John y Gary, repitieron el gesto, ofreciendo disculpas sin palabras con las manos extendidas. Luego bromearon con él, tal como acostumbraban hacerlo, y expresaron su asombro por la forma en que la pelota había ido tan lejos y tan rápido y atravesado la ventana. Se animaron aún más.

—¡No podía creerlo! —dijo John—. ¡Nos *asustamos* al ver hacia dónde iba! Me alegro verlo tan tranquilo.

—No hay problema, chicos —apuntó Mark—. Simplemente tengan cuidado.

John enarcó las cejas y miró fijamente la casa de Anne.

—Sí, ¡usted también, tenga cuidado!

Mark hizo un gesto de sorpresa mientras Gary soltaba una carcajada. Brad frunció el ceño y miró al suelo.

Luego arrancaron en sus patinetas.

3

Mientras cerraba la puerta, Anne pensó, *Sí, lo sé todo sobre el monasterio.*

Esperaba que Mark recordara que ella había crecido en la zona; sin embargo, él siempre le contaba cosas de Filadelfia como si fuera una turista. Cuando era niña, su padre solía llevarla a la abadía de los Santos Felipe y Santiago, un monasterio trapense a cuarenta y cinco minutos de distancia, situado en un terreno de varios acres, aislado y cubierto de pinos. Iban a visitar a un sacerdote con mal aliento, que siempre la llamaba «Annie». Ella le decía a su padre que nadie más la llamaba así.

«No te hagas problemas», le había dicho él en más de una ocasión. «El padre Edward puede llamarte como quiera. Es un santo, y ha sido muy bueno con tu madre y conmigo. Hizo un viaje especial a nuestra parroquia para bautizarte, ¿te acuerdas?»

«Entonces, ¿por qué no sabe mi nombre?»

Lo sé todo sobre la abadía, quería decir ella. Pero llevaba muchos años sin visitar aquel lugar. Esa parte de su infancia, que alguna vez fue importante, se había desvanecido. El trabajo que Mark hacía allí la había llevado a pensar en ese lugar por primera vez en varios años.

También estaba al tanto de la mermelada. Su padre la compraba por cajas, y ella solía comprársela a su hijo, que prácticamente no se cansaba de comer conservas de arándanos. «Jeremiah, vas a terminar convertido en un arándano», le había dicho ella un domingo por la mañana, después de que él se hubo engullido tres tostadas atiborradas de mermelada. Debía tener unos ocho años.

«¡Avísame tan pronto me vuelva azul!» le había respondido él. Luego había inhalado, inflado las mejillas, contenido la respiración y echádose a reír.

Anne pensó en eso y sintió deseos de mirar las fotos con marcos dorados que tenía en la pared. Seguía sin saber muy bien si debía conservarlas o no.

Había visto a Mark fijarse en ellas a través de la puerta principal. Le encantaba aquella foto escolar de Jeremiah; era su favorita. Todo el mundo decía que se parecía a ella, aunque Anne pensaba que era más parecido a su padre. Sus ojos azules. Su nariz chata. Y sobre todo, su barbilla puntiaguda.

En los últimos meses había pensado en deshacerse de las fotos no porque no fuera capaz de mirarlas, algo que hacía con frecuencia, sino porque la gente parecía sentirse incómoda con ellas. Cuando veían las fotos, por lo general miraban furtivamente sobre sus hombros para asegurarse de que no fuera demasiado doloroso para ella.

Notó una mancha en el vidrio del retrato y la frotó con el dedo índice. Esto la hizo acercarse más a la imagen de Jeremiah. Escudriñó los ojos de su hijo y recordó la discusión que habían tenido por su ropa el día de las fotos en la escuela. Jeremiah había querido ponerse la camiseta de los Phillys que su padre le había comprado en el juego de aquel verano, pero ella se había negado. «No te vas a poner una *camiseta* para tu foto escolar», le había ordenado autoritariamente.

Durante la acalorada discusión, su hijo, que tenía diez años en esa época, había comenzado a llorar, lo cual era muy raro en él. Había alzado ligeramente la voz, para decir que su amigo Brad llevaría la suya.

«Y si Brad saltara del puente Walt Whitman, ¿tú lo harías también?»

Ella le hacía esa pregunta con tanta frecuencia que Jeremiah solía burlarse de ella.

«¡Sí!», le había respondido él con una risa sardónica. Los impredecibles cambios en el estado de ánimo de su hijo nunca dejaban de sorprenderle.

«¡Saltaría del puente Walt Whitman! Así», había añadido, juntando las manos y poniendo su cuerpo esbelto en posición de clavado. «¡Y llevaría puesta la camiseta de los Phillys! Y diría mientras caía, "¡Vamos Phillyyyyyyyys!"» Y por poco se desternillaba de la risa. La persona que más hacía reír a Jeremiah era siempre Jeremiah.

Anne casi podía oír su risa, que era lo que más extrañaba de él. Sintió su pecho oprimido, y las lágrimas asomaron a sus ojos. Pensó que no volver a escuchar la risa de su hijo no solo era injusto, sino cruel.

«Maldita sea», dijo en voz alta, y sintió el hueco de su estómago abrirse una vez más.

Inhaló y exhaló profundamente mientras se alejaba de la foto de su hijo, obligándose a seguir adelante con su día.

4

Para alivio de Mark, la ventana ya estaba reparada el lunes. El vidriero (¿cómo pudo ser tan estúpido como para insinuar que Anne no sabía qué era eso?) sacó un vidrio inmaculado de su camioneta y lo fijó con pericia en el marco de la ventana. Aunque Mark se alegró de ver que el daño hubiese sido reparado tan pronto, también había disfrutado de la breve novedad del vidrio roto, lo cual había dejado que el aire húmedo se filtrara en su habitación mientras veía el juego de pelota la noche del domingo, disfrutando de una cerveza.

El tiempo seguía pegajoso, a pesar de que el sol no se había dejado ver desde el domingo por la tarde. ¿Cómo podía Filadelfia ser tan húmeda? A veces sentía como si se hubiera mudado a Atlanta. Todo lo que estuviera al sur de Nueva Inglaterra le parecía demasiado caliente. Se asomó a la calle para cerciorarse de que no hubiera chicos gritando en sus patinetas, o que Brad no estuviera conduciendo el auto de su padre.

El recorrido hasta el monasterio era relajado y agradable casi todos los días. Estaba lejos de su barrio, al final de la Ruta Azul, y más allá de los pueblos que siempre había querido visitar, aunque nunca parecía encontrar el tiempo para hacerlo.

«St. Davids», le había dicho una vez a John, el papá de Brad. «¿Cómo es St. Davids? Suena pintoresco, como un pueblo minero de Gales».

«Ajá», le había respondido John. «Trata de comprar una casa allá, y verás cuánto valen las cabañas de mineros».

Encendió la radio y jugueteó con los botones tratando sin éxito de encontrar algo que le gustara. Tomó la salida hacia un camino más pequeño. Después de un año, se conocía la ruta de memoria. Conducir cuarenta y cinco minutos a paso de tortuga no estaba tan mal; e incluso si se retrasaba por el tráfico, a los monjes no les importaba si llegaba un poco tarde, a menos que tuviera programado reunirse con un contratista. Para ser hombres cuyas vidas giraban en torno al reloj, eran sorprendentemente tolerantes con sus tardanzas. Mark le había dicho esto al abad, a manera de cumplido.

«Nuestras vidas no giran en torno al reloj, sino a Dios», le había respondido el abad.

Le agradaba el padre Paul. Como director de la abadía, podría haber insistido en que lo llamara abad Paul, pero desde el primer día le había dicho: «He sido el padre Paul durante tanto tiempo que prefiero que me sigan llamando así».

Luego de investigar en la red después de su primer día de trabajo, durante el cual se había encontrado con un montón de palabras desconocidas, había descubierto que *abad* venía de una palabra que significa *padre*. Cuando le preguntó a Dave, un amigo de la universidad que lo había recomendado para el trabajo, si los monjes hablaban latín, Dave había aullado.

«¡Pues claro, hombre! Así es como me comunico con ellos cuando llevo sus cuentas: en *latín*. Todos hablamos en latín. ¡Por supuesto que no hablan latín, tonto!»

Pero en aquel primer día, a Mark todo le parecía latín. Las palabras utilizadas por los monjes y que escuchó el primer día mientras el padre Paul le mostraba la abadía las recordaba solo vagamente de sus estudios de arquitectura. «Refectorio», «claustro», «sala capitular».

Nunca había podido entender —y jamás lo haría—, los nombres de los momentos en que los monjes rezaban en la capilla, lo cual hacían cada pocas horas. Con la excepción de «Vigilias», que tenía un cierto sentido, los términos que identificaban los otros tiempos de oración «Laudes», «Completas», «Sexta» y «Nona» se le antojaban palabras sin sentido. Se le hacían tan extrañas y había sido corregido por su mala pronunciación de ciertas palabras que se había limitado a decir: «Sus oraciones». ¿Por qué no podían simplemente decir «oración matinal» u «oración nocturna»? Pero, tal vez, lo hacían intencionalmente para que su forma de vida fuera inescrutable para los extraños.

Después de perder su trabajo en una firma de arquitectos en Cambridge, Massachusetts, había pasado varios meses merodeando por Boston en busca de algún trabajo de carpintería. Para poder pagar su matrícula universitaria había trabajado como aprendiz de carpintero y había disfrutado la experiencia. En los primeros meses que siguieron a su despido, pensó que podría salir adelante haciendo esto, y recordó lo mucho que disfrutaba las labores manuales. Pero el trabajo de carpintería era esporádico en el mejor de los casos, por lo que tendría que encontrar algo que fuera más estable si no quería dejar de pagar sus cuantiosos préstamos estudiantiles.

Así que cuando Dave, quien ayudaba a los monjes con el pago de sus impuestos, le dijo que había un trabajo de tiempo completo en el monasterio, lo aceptó de inmediato, a pesar de que extrañaría a Boston. Sería un empleo estable donde haría algunos trabajos de carpintería en los suburbios de Filadelfia que, según había oído, era un lugar más asequible para vivir. Llevaba tanto tiempo viviendo en Cambridge que pensó que Anne estaba bromeando cuando mencionó el monto del alquiler de la casa.

«¿Quieres que lo aumente?» le había preguntado ella al verle la cara de sorpresa que había puesto.

El primer día en la abadía había sido profundamente extraño. Lo recordó mientras giraba a la izquierda por el letrero que tenía escrita la palabra «monasterio» encima de una flecha roja y gruesa, y que señalaba un camino largo y serpenteante flanqueado por pinos enormes.

El monasterio había sido construido en la década de 1950, cuando los pueblos y aldeas suburbanas estaban floreciendo alrededor de Filadelfia a medida que los veteranos de la Segunda Guerra Mundial buscaban lugares tranquilos para instalarse con sus esposas y sus familias. El arzobispo de Filadelfia había invitado a los monjes a construir una abadía, para «apoyar nuestra creciente iglesia con sus oraciones constantes», según rezaba en la carta amarillenta y enmarcada que aún colgaba en una pared de la sacristía.

Mark le había dicho a uno de los monjes que el arzobispo de Filadelfia tenía una caligrafía hermosa. Ese tipo de escritura redonda y fluida era un arte en vía de extinción.

«¡Apuesto a que fue a una escuela católica y que las monjas le enseñaron eso!» le había dicho al hermano Benjamín quien, un poco molesto, le había contestado que así había sido, en efecto.

Los chistes de Mark a veces no tenían mucho éxito entre los monjes.

El monasterio había tomado su nombre de los santos Felipe y Santiago, no porque los monjes sintieran una devoción especial por ellos, sino porque eran los santos favoritos del arzobispo que los había invitado a radicarse en Filadelfia. Cuando Mark supo que Santiago era uno de los apóstoles y que lo llamaban «el Menor» (a diferencia de otro apóstol Santiago llamado «el Mayor») y que Felipe había dudado una vez que Jesús pudiera hacer milagros, el nombre del monasterio se le antojó bastante flojo, teniendo en cuenta que había otros apóstoles más famosos entre los cuales escoger.

Casi todos los habitantes de la zona, incluso los que no eran católicos, conocían el lugar, así fuera únicamente por la mermelada que hacían los monjes para ganarse el sustento, y que era motivo de orgullo en los supermercados locales. Lo llamaban la Abadía de F&S, o la abadía, o el monasterio, y a veces simplemente F&S. En algunas ocasiones, cuando Mark les contaba a las mujeres con las que salía en dónde trabajaba, ellas parecían impresionarse, como si estuvieran conociendo a un santo. «Solo soy el *encargado del mantenimiento*, por amor de Dios», decía él. Sin embargo, a una de ellas aquello pareció excitarle, lo cual asustó a Mark.

No obstante, sintió una gran emoción en su alma de arquitecto cuando vio el lugar por primera vez. La iglesia de la abadía, construida con piedra de la zona llamada esquisto de Wissahickon, una pizarra áspera y gris que relucía bajo el sol, era una edificación larga y rectangular con un techo de madera a dos aguas, y el campanario en piedra a un lado. Era lo primero que se veía al acercarse a la abadía, y Mark no se cansaba de ver cómo el campanario surgía lentamente sobre la carretera mientras subía la colina. Nunca antes había estado en un monasterio, aunque los había estudiado en su clase «El mundo medieval» en la facultad de Arquitectura. Si uno se fijaba bien, a medida que recorría la Ruta Azul podías ver el campanario alto y gris aparecer por encima del paisaje montañoso.

Unos minutos antes de su entrevista en aquella mañana de otoño del año anterior, al trasponer la pesada puerta de madera de la iglesia, el sonido del canto lo había dejado pasmado. Era algo que solo había oído en la radio. *¿Todavía hay quienes cantan así?* Su siguiente pensamiento fue: *Es lo más hermoso que he oído en mi vida.*

Encontró espacio en una banca y se concentró en escuchar las oscilaciones en las voces masculinas, acompañadas tan solo por la nota de un órgano al comienzo de cada estrofa. Tras escuchar con más cuidado, se dio cuenta de que estaban cantando en inglés. No sabía mucho sobre el catolicismo (ninguno de sus padres había asistido a ningún tipo de iglesia) y menos aún sobre monjes y monasterios, pero sí entendió que estaban cantando salmos.

«Bendito sea el nombre del Señor», entonó una voz y los demás respondieron con otros versos. Al final de sus oraciones cantaron un himno acompañados del órgano.

Aquel día solo había otros dos visitantes en la iglesia. Una mujer mayor y un hombre joven. Estaban sentados unas cuantas bancas adelante de Mark. Cuando el canto hubo terminado se pusieron de pie, se arrodillaron, se persignaron como hacen los católicos, y salieron de la iglesia. Ambos le sonrieron. Antes que se cerrara la puerta, Mark los escuchó conversar bajo el pórtico. Aunque fueron pocas las palabras que captó, concluyó que conocían bien el lugar. Podía entender la presencia de la anciana, pero, ¿qué hacía un joven al parecer universitario en un monasterio a las siete de la mañana?

El dormitorio estaba conectado con la iglesia y era donde los monjes dormían. Esta parte de la abadía incluía la sala capitular, donde se reunían para las reuniones; la enfermería, para los monjes enfermos; y el refectorio, donde comían. A unas decenas de metros de distancia, y en una edificación separada, estaba la fábrica, donde elaboraban la «Mermelada del Monasterio» que distribuían a nivel local a través de catálogos de venta por correo y de una página web. «La mermelada pone el resto de la comida en la mesa», acostumbraba decir el padre Paul sonriendo.

Aquel primer día, Mark no sabía muy bien en dónde era que debía encontrarse con el abad. Sin embargo, el padre Paul lo encontró a él. Estaba afuera de la iglesia encendiendo un cigarrillo cuando el abad salió por una puerta lateral.

—Soy el padre Paul —le dijo, extendiéndole la mano—. Bienvenido a la Abadía de los Santos Felipe y Santiago. Supongo que eres Mark.

El padre Paul tenía un rostro pálido y pensativo, ojos grandes y azules, cabello largo y entrecano, y unos lentes con una moldura enorme. Le apretó la mano con firmeza; su mano era suave, como si no trabajara mucho con ellas. Por el lado positivo, parecía ser lo que la madre de Mark solía llamar un «alma caritativa».

Mark arrojó el cigarrillo en las losas del pavimento debajo del pórtico y advirtió que la expresión de Paul denotaba una ligera desaprobación. Solo entonces reparó en el atuendo del abad.

—¡Guao! —exclamó, mientras contemplaba su larga túnica blanca y el paño negro y pesado que cubría sus hombros y que colgaba hasta sus rodillas (unos meses más tarde, se enteró de que el paño negro se llamaba «escapulario»). Un cinturón grueso de cuero color marrón y ceñido a la cintura completaba el atuendo del monje.

—Bienvenido al siglo once —le dijo el abad, sonriendo—. Nuestros hábitos son bastante extraños ¿verdad?

—Se ven muy bien —aclaró Mark con sinceridad—. ¿Tienen bolsillos?

Paul metió la mano en un bolsillo y sacó un juego de llaves que tintinearon y relucieron bajo la luz del otoño.

—Las llaves del reino —dijo, riendo.

—¿Las qué?

—No. Nada. Solo intentaba bromear. ¿Por qué no me sigues? Te mostraré el lugar y podremos hablar del trabajo. David te recomendó muy bien.

Mark tomó nota mental para invitar a Dave a una cerveza.

Siguió al abad a su oficina y notó que llevaba sandalias marca Birkenstock con medias, lo que le daba un aire vagamente hippie.

El trabajo no era lo que Mark esperaba hacer en esta época de su vida. Cuando estaba en la escuela, había escrito sus metas profesionales en un pequeño papel cuadriculado que mantuvo algunos años en su billetera. Se suponía que ya debería haber fundado su pequeña empresa de arquitectura con algunos de sus condiscípulos. Al verse cada vez más lejos de sus ambiciones, se había deshecho del papel.

Descubrió, sin embargo, que le atraía más trabajar en la abadía que detrás de un escritorio en la firma arquitectónica, donde había pasado la mayor parte del tiempo diseñando baños para edificios de oficinas en el centro de Boston.

Su título era «Director de la Planta Física» como el abad insistía en llamarlo, a pesar de que él sentía que era simplemente un todero. «No olvides que Jesús era carpintero», le había dicho varias veces el padre Paul durante el primer mes. Mark se ocupaba de muchas cosas: pintar pasillos interminables, reparar tuberías con fugas y sanitarios que probablemente nunca habían vaciado bien, enyesar paredes averiadas por el agua, rastrillar las hojas en el claustro del jardín, y cortar el césped más grande que nunca había visto, o que jamás esperaba ver.

Pasaba horas supervisando con frecuencia a contratistas que el abad llamaba para reparar algo que escapaba a su experiencia. El gran complejo de edificios construidos hacía mucho tiempo necesitaba un cuidado permanente. Y teniendo en cuenta que solo eran veintisiete monjes, varios de ellos ocupados en la fábrica de mermelada y muchos otros en edad avanzada, Mark se mantenía muy ocupado. De vez en cuando llegó a hacer incluso algunos trabajos de carpintería. Estaba particularmente orgulloso de un estante en pino que había elaborado e instalado en una capilla lateral en la iglesia de la abadía, dedicada a María, o a «Nuestra Señora», como decía el padre Paul.

Eso había sido hacía casi un año. Mark se sentía ahora como en casa. Le agradaban los monjes, o al menos la mayoría de ellos; sin embargo, pocos días después de empezar a trabajar se dio cuenta de que su impresión inicial era errónea. La vida rutinaria en el monasterio no era tan fácil como se había imaginado: se levantaban a una hora increíblemente temprana, todo el tiempo rezaban, trabajaban en el monasterio y en la fábrica de mermelada, y sus comidas eran extremadamente sencillas. Habían hecho votos de pobreza, por lo que ninguno era dueño de nada, ni siquiera de sus hábitos. También ayunaban mucho durante la Cuaresma.

Además, no tenían sexo. Esa parte de sus vidas se le hacía imposible. Cuando un monje le preguntó de una manera amistosa si alguna vez había pensado en unirse a ellos, Mark soltó una carcajada. Al monje no le gustó su respuesta.

El padre Paul se había convertido también en algo así como su confidente. A excepción de Dave, a quien veía solo ocasionalmente y a las mujeres con las que se encontraba en los bares del centro de la ciudad o por la Internet, no conocía a mucha gente en Filadelfia. El verano anterior Dave lo había invitado a unirse a una liga local de softbol, que resultó ser divertida, pero la mayoría de los integrantes del equipo estaban casados o próximos a serlo, por lo que las invitaciones a tomar una copa o a un juego de pelota significaba que sus esposas o novias irían con ellos. Esto hizo que Mark terminara por sentirse aún más solo.

Un día, mientras conducía de su casa al trabajo, cayó en la cuenta de que la persona con la que pasaba más tiempo era con el padre Paul. Sonrió para sus adentros, pues se le hacía gracioso (o extraño o patético, no estaba seguro) que su mejor amigo en Filadelfia, además de Dave, fuera un monje.

El padre Paul sabía escuchar, era paciente, y tenía un agudo sentido del humor. Otra cosa que Mark apreciaba del abad era que siempre parecía tranquilo. Había permanecido imperturbable incluso cuando una parte del techo de la fábrica de mermeladas se vino abajo después de una gran tormenta de nieve. Se había limitado a mirar el enorme agujero en el techo, los azulejos acústicos empapados en el piso de la fábrica y el cubo amarillo de plástico que recogía el agua que goteaba, y había dicho: «Bueno, eso es algo, ¿no?».

Y sin importar lo que le dijeras, rara vez parecía sorprendido, y mucho menos perturbado. A veces Mark se preguntaba cómo era posible ser como el abad: tan paciente, bueno para escuchar a los demás y no dado a juzgar y, además, abierto. Si Mark se quejaba de que le había ido mal en una cita, de que una mujer lo había rechazado, o de que había tenido una acalorada discusión con un contratista, Paul se lo tomaba con calma. A veces lograba incluso hacer que Mark se riera de algunos de sus problemas. En una ocasión, Mark le contó enojado que la noche anterior una mujer le había arrojado una bebida en la cara y la reacción del padre Paul había sido: «¡Seguro que te lo merecías!».

El trabajo de hoy no debería ser muy difícil. Terminar de pintar la pared del refectorio que había enyesado de nuevo después de la tormenta de la semana pasada, instalar una nueva cabina de ducha en uno de los baños que había en la segunda planta del dormitorio, y ayudar al hermano Robert a descargar un envío de frascos para la fábrica de mermelada.

El hermano Robert era otro de sus favoritos: amigable, tranquilo, práctico, y con buena cabeza para los negocios. Los monjes que Mark apreciaba más eran los que habían trabajado «en el mundo», como decían ellos, antes de entrar al monasterio. El hermano Robert sonreía siempre que Mark hablaba de la «Abadía FESOL». Cuando llevaba unas semanas trabajando en el monasterio, Mark le había dado una baraja de naipes para que los monjes jugaran «solitario» en el día de Todos los Santos, pues sabía que era una fecha importante para ellos y le parecía un regalo divertido.

—Es la primera vez que alguien nos regala una baraja de naipes, le había dicho el monje.

—Y es la primera vez que sé cuándo es el Día de Todos los Santos —le había replicado Mark.

Al final de la jornada, a eso de las cinco de la tarde, el hermano Robert le hizo un gesto con la mano al entrar a la ruidosa fábrica de mermeladas. Mark asumió que lo había hecho para comprobar si habían llegado los frascos, cosa que no había sucedido. Sin embargo, el hermano Robert le dijo que tenía una llamada telefónica.

¿Quién podría llamarme aquí?, se preguntó.

Maddy, que trabajaba en la casa de huéspedes y estaba visitando al hermano Robert, le entregó un papelito rosado. Cuando Mark había ido a la abadía por primera vez, se había sorprendido descubrir la cantidad de lo que él llamaba «no-monjes» que trabajaban en la fábrica.

—Solo hay unos veinte en la comunidad que están en capacidad de trabajar —le había explicado el hermano Robert—. Y no tienes que ser un monje para hacer mermelada.

En un principio, a Mark le había parecido que Maddy, una mujer de setenta y tantos años, con cara larga y triste, y un andar lento que él atribuyó a la artritis, era distante con él. Sin embargo, era muy deferente con los monjes. «Los santos padres y hermanos» les decía con frecuencia. Mark sabía que trataba de ser graciosa, pero sospechaba que Maddy *pensaba* que todos eran santos. Él no. Había visto a varios monjes impacientarse cuando un inodoro no era reparado a tiempo, o irritarse cuando martillaba demasiado fuerte. («Es un martillo», le explicó en una ocasión a un monje que había hecho un gesto de disgusto cuando pasó a su lado mientras arreglaba una mesa del refectorio. «Es ruidoso», había protestado el religioso). Los monjes podían enojarse y ser incluso petulantes como cualquier persona. Sin embargo, con el tiempo, Mark apreció a Maddy por su ética laboral. Era una mujer leal a los monjes y al monasterio, nunca llegaba tarde, y siempre era eficiente.

«Llamó Anne», decía la nota.

Al principio se sintió feliz de ver ese nombre porque pensó que se trataba de una abogada que había conocido la semana anterior en un bar lleno de gente en el centro de la ciudad. Pero entonces vio el número telefónico: era su casera. ¿Y ahora qué? ¿Acaso la ventana no había sido reparada siguiendo sus especificaciones estrictas?

Salió de la fábrica, sacó el celular y marcó su número. El día estaba calentando, con nubes grandes y oscuras que predecían una tormenta eléctrica.

—¿Eres Mark Matthews? —le preguntó antes de que él pudiera responder—. Siento llamarte al trabajo, pero no tenía el número de tu celular y sé que trabajas en el monasterio.

Sonaba agitada.

—No hay problema. Anne. ¿Pasa algo?

—Me da un poco de vergüenza, pero estaba regresando del trabajo y estoy varada. Mi auto se averió en el estacionamiento, y todos mis compañeros ya se fueron, así que me estaba preguntando si podrías recogerme de camino a tu casa. ¿Crees que puedes hacerlo? Estoy en una estación de servicio hasta donde remolcaron mi auto, no demasiado lejos de St. Davids.

—Claro. Déjame ir por un lápiz, y me dices cómo llegar.

—No sé darte la dirección donde estoy. Te voy a pasar con uno de los mecánicos.

Mark copió las instrucciones y colgó.

—Tengo que recoger a una mujer en St. Davids —le dijo al hermano Robert.

—Bueno, felicitaciones.

—Es mi casera.

—Entonces, mis condolencias.

5

Anne estaba esperándolo fuera de la estación de servicio y sonrió al saludarlo. *No está mal*, pensó Mark tras reparar en su pelo recogido en la espalda y una camisa blanca a la medida que resaltaba su esbelta figura. Se preguntó si debía invitarla a salir, y entonces se recordó a sí mismo su diferencia de edad. *Sin embargo...*

—Gracias por socorrerme —le dijo ella, subiendo a la camioneta—. Me siento como una idiota.

—No te preocupes. Encantado de ayudarte.

—¿Cómo es la vida en la Abadía de los Felices & Solitarios? —preguntó ella cuando habían echado a andar—. ¿No es así como la llamas?

—FESOL.

—Claro —exclamó ella—. ¿Cómo estuvo el trabajo hoy?

—¡Genial! Hice un montón de cosas. Te siente bien cuando trabajas y terminas de hacer cosas; cuando las tachas de la lista de los asuntos pendientes.

—Ajá.

Ella parecía distraída.

—¿Cómo está tu auto?

Ella exhaló y dijo:

—Pésimo. Lo detesto. Lo compró mi exesposo, y nunca me ha gustado.

Mark sabía que no debía preguntarle por su esposo. John, el padre de Brad, le había contado la historia una noche a principios de otoño, una semana después de que se mudara al barrio. John regaba sus rosales mientras hablaban de las citas románticas de Mark.

—¿Cómo van las cosas con Susie? —le había preguntado John—. ¿Se llama así, verdad?

—¿Te refieres a Nancy o a Stacy?

—¿Quién puede llevar la cuenta?

John había soltado una carcajada. Luego habían hablado de las esperanzas que tenía Mark de casarse, de las noticias sobre otras familias que vivían en la cuadra y, finalmente, de Anne.

Anne había crecido no muy lejos del barrio, y se había mudado a su casa actual cuando estaba muy joven al lado de su marido, que había sido su novio en la escuela secundaria. «Era un atleta por excelencia», le había dicho John. «Creo que en algún momento jugó en las ligas menores». Los padres de Anne eran dueños de su casa, y de otra situada en la misma calle. Después de la muerte de ellos, Anne heredó ambas. La otra, en la que vivía Mark, les había proporcionado un ingreso adicional a ella y a su marido.

Unos meses después de mudarse, Anne había quedado embarazada, algo que, obviamente, la había llenado de felicidad. Después de que su hijo Jeremiah nació, a Anne le encantaba llevarlo en su cochecito por el barrio e intercambiar saludos con todos sus vecinos. A veces se sentaba en el escalón de la entrada y leía un libro mientras el bebé dormitaba acostado sobre una manta azul extendida sobre el césped bajo el arce alto afuera de su casa. «Fue una mamá fantástica», le había dicho John, dirigiendo la manguera hacia los rosales.

Pero su marido no había podido soportar su paternidad y se había marchado cuando Jeremiah tenía dos o tres años; John no recordaba con exactitud. Lo que sí recordaba era ver cómo Anne luchaba para encontrar un equilibrio entre su trabajo de tiempo completo y su labor como madre soltera. Y gracias a su firmeza lo había logrado y también gracias a una anciana del barrio que tenía una pequeña guardería en su casa.

De niño, Jeremiah parecía ser muy cercano a su mamá. Anne iba a todos sus juegos de la pequeña liga en primavera y verano, lo llevaba a él y a sus amigos al cine, e incluso sirvió como madre de guarida para la manada local de lobatos. John describió a Jeremiah como un «niño dulce», una expresión que Mark sospechó que no utilizaba con frecuencia.

Jeremiah murió cuando tenía trece años, al ser atropellado por un auto mientras cruzaba una carretera muy transitada en compañía de Brad y dos amigos más. Iban a ver una película para la que no tenían permiso y a la que Anne se había negado a llevarlos. Había sobrevivido unas pocas horas en un hospital local antes de expirar.

Cuando John llegó a esa parte de la historia, giró el rostro hacia los rosales y dijo: «Fue un momento difícil para mi hijo». Se mordió el labio y le contó el resto de la historia: el llanto que oyeron en la casa de Anne esa noche y al día siguiente, el entierro en un fin de semana muy húmedo en el Día de los Caídos, con los amigos de Jeremiah como portadores de honor del féretro y las canastas de flores que atiborraron el escalón de su casa durante varios días hasta que se marchitaron bajo el sol. Anne había permanecido encerrada en su casa por varias semanas.

John regó los rosales y Mark sintió un vapor levemente frío en su cara.

Le fue difícil asimilar todo lo que John le había contado. Lo único que se le ocurrió preguntar fue: «¿Cuál es la historia de mi casera?».

Había sido muy extraño escuchar aquello en una noche cálida justo antes del atardecer, con el canto intermitente de las luciérnagas como música de fondo. Tanta tristeza revivida en pocos minutos.

Mientras conducía su camioneta llevando a Anne a su lado, recordó su conversación con el padre de Brad. Ella miró por la ventana en tanto que Mark seguía conduciendo.

—¡Odio ese auto!

—¿Sabes? —dijo Mark, en un intento por cambiar de tema y animarse un poco—. Ni siquiera sé a qué te dedicas. Te conozco hace un año, y no sé qué haces.

—Es gracioso.

Se volvió hacia él y lo miró con una sonrisa socarrona.

—¿Qué *crees* que hago?

Mark hizo una mueca. Una noviecita que había tenido en la universidad le preguntaba con una frecuencia deprimente, «¿Adivina qué me gustaría hacer esta noche?» y él siempre parecía dar la respuesta equivocada. Cuando ella quería salir a cenar o a ver una película; él quería quedarse en casa y tener sexo. Una vez, desesperado por responder correctamente, optó por decir lo que realmente le habría gustado hacer: «Tomarme seis cervezas, ver el juego de los Celtics, hacer el amor, y dormirme». Ella estuvo enfurruñada el resto de la noche.

Trató de imaginar lo que hacía Anne. Todo lo que podía pensar era haberla visto con esos pantalones grises de yoga.

—¿Instructora de yoga?

Anne se rio con intensidad. La primera risa genuina que le había oído. Era una risa sexy, más profunda de lo que él esperaba.

—Gracias —respondió ella, sacudiendo la cabeza y mirando por la ventana—. Tendré que decirles eso a todos en mi clase de yoga. No, no es nada tan interesante. Soy una simple contadora.

—¿En serio?

—¿Por qué? —inquirió ella volviéndose de nuevo hacia él—. ¿No crees que sea lo suficientemente inteligente como para ser una contadora? ¿Que soy una especie de... —hizo una pausa antes de decir—: mamá?

—No, no —aclaró Mark, tratando de evitar cualquier mención de su hijo—. Es que siempre te veo con ropa de yoga y pareces demasiado, mmm, relajada para ser contadora.

Ella sonrió, complacida por el pequeño cumplido, y golpeó el tablero del auto distraídamente.

—Sí, soy una contadora relajada. Deberías hablar con la gente de mi oficina. Creo que ellos querrían que *fuera* relajada.

Continuaron en silencio con las ventanas abajo, disfrutando el aire nocturno que súbitamente se había vuelto más frío. Mark miró las nubes cargadas a través del parabrisas. Definitivamente iba a llover.

—¡Rayos! —exclamó apenas tomaron la Ruta Azul.

—¿Qué pasa?

—Dejé mi teléfono celular en la abadía.

Ella suspiró y frunció los labios; estaba ansiosa por llegar a casa y no tenía ningún interés en ir a la abadía.

—¿Te importa si vamos hasta allá? —le preguntó él—. No puedo vivir sin mi teléfono.

—Recuerda que tú *me* estás haciendo el favor —respondió ella—. Vamos; te esperaré en el auto.

6

Para cuando hubieron llegado a la Abadía de los Santos Felipe y Santiago, la lluvia golpeaba con fuerza el techo de la camioneta. Anne no había pisado el monasterio desde que era una niña, pero se acordó de todo cuando llegaron a la entrada: los extensos pastos verdes y las praderas interminables donde ella solía cazar saltamontes y grillos, los pinos altos que flanqueaban como centinelas el camino de entrada, y la forma en que la torre de la iglesia asomaba lentamente por el camino mientras te acercabas a ella. «Como el mástil de un barco que viene en el horizonte», recordó súbitamente que decía su padre. Le sorprendió recordar esa frase. ¿De dónde habría salido?

Sus padres eran religiosos: su papá en extremo, y su mamá bastante. Su padre, quien al igual que Anne era contador, ayudaba a los monjes con sus cuentas, sobre todo durante la temporada de impuestos. Hasta donde ella recordaba, su papá estaba en un retiro parroquial cuando conoció al padre Edward, un monje con mal aliento, y se hicieron amigos. Sin embargo, tenía un recuerdo vago al respecto. Él le había llevado a Anne al monasterio una o dos veces, y ella lo recordaba como un lugar que no era desagradable, pero tampoco agradable. A veces se sentaba en la banca de un pasillo que había afuera de la capilla cuando los monjes cantaban, pero casi siempre permanecía en una oficina, haciendo garabatos con lápices de colores en hojas simples de papel de escribir, mientras su padre trabajaba en los libros de contabilidad y los monjes venían para charlar con él. Hablaban mucho para tratarse de un monasterio silencioso. Anne recordó una vez que estuvo en la capilla.

O tal vez no. Quizá se trataba de otra iglesia. Había dejado de ir a la iglesia hacía mucho tiempo, salvo para bodas y funerales.

Lo que más recordaba de la abadía era su olor. Obviamente, olía a incienso, pero era de un tipo especial que no había olido antes ni después. Era muy diferente del incienso que olía cada vez que pasaba por una librería Zen en Filadelfia donde los palitos de sándalo que había a la entrada tenían un olor acre. El aroma del incienso del monasterio era distinto. De alguna manera más dulce. Al menos en su memoria.

—Iremos por el camino de atrás —dijo Mark.

Condujo hasta la entrada, giró a la izquierda por un camino asfaltado, salpicando el agua con fuerza mientras atravesaba un charco poco profundo, y pasó ante un cartel que decía: «Cerrado. No Entrar».

Los monjes no solo viven en un terreno enorme en un suburbio rico, pensó Anne, *sino que ponen avisos para que la gente se sienta incómoda. Parece poco cristiano.*

Mark se detuvo en un estacionamiento afuera de una modesta construcción de madera con una placa roja y blanca sobre la puerta que decía: «Mermeladas del Monasterio».

—*¿Es* ahí donde hacen la mermelada? —preguntó ella—. Parece muy pequeña.

—Se ve diferente desde adentro. Es más grande de lo que parece. ¿Por qué no entras un momento? —dijo él en medio de la lluvia, que estaba amainando—. Puedo conseguirte una taza de café. Tienen un café maravilloso en el ala de retiro.

—No, gracias. Estoy bien aquí.

—Ah, *vamos.* No te van a morder.

Ella exhaló.

—De acuerdo.

Salieron del auto, tratando sin éxito de esquivar las gotas de lluvia, corrieron a un lado de las instalaciones donde hacían la mermelada, y cruzaron rápidamente un camino de losas. Ella no recordaba esta parte del monasterio. Era encantadora. Incluso con la cabeza agachada bajo la llovizna, notó la hierba exuberante, los pinos cuidadosamente podados, las azaleas bien mantenidas, y los rododendros frondosos.

—Dios mío —dijo ella súbitamente—. ¿Qué es *esto?*

—Ah —repuso él confuso—. Es el cementerio.

Anne vio que los monjes estaban enterrados con mucha austeridad, en una pequeña parcela que contenía unas cincuenta tumbas con cruces blancas de metal y de un pie de altura escasamente. Miró a Mark y percibió su incomodidad al llevarla por ese camino.

—Está bien —dijo ella—. Cuando volvamos, lo haremos por otro camino, ¿de acuerdo?

El camino de losas conducía a un arco con una puerta. Mark la abrió para que ella pasara.

7

¿**A**ire acondicionado central en una edificación tan grande?, pensó Anne al sentir la frescura del monasterio. *No es de extrañar que tengan que vender tanta mermelada.*

Y entonces el aroma la envolvió. No lo había sentido desde hacía muchos años, y al instante le evocó un recuerdo preciso de su infancia, cuando se estiraba para tomar la mano de su padre mientras caminaban por el monasterio. La fragancia era semejante a flores, pero no era fragancia de flores; similar a un perfume pero no era perfume; algo así como fuego en una chimenea, aunque tampoco era fragancia de fuego en una chimenea. El aroma arrollador hizo que sintiera deseos de detenerse un momento para pensar en su padre.

Recordó a su profesora del curso básico de Psicología en Haverford, quien decía que el olfato era el más primitivo de los sentidos porque llevaba los olores directamente a nuestro cerebro. Anne sabía que era eso lo que le estaba sucediendo ahora. Se sintió conmovida. Quería decirle a alguien cuánto extrañaba a su padre, y lo mucho que deseaba poder hablar con él acerca de Jeremiah. Pero no se atrevió a decírselo a Mark, así que se limitó a disfrutar de esa aroma, sola. *Si pudiera sentir este olor todos los días, tal vez sería más feliz,* pensó.

Mark la condujo por un largo pasillo cuyas paredes rústicas de ladrillo estaban cubiertas con unas túnicas de seda blanca que colgaban de clavijas de madera.

—¿Qué es eso? —preguntó.

—¡Shhhh! —susurró él—. No podemos hablar en voz alta. A ellos les gusta mantener este sitio en silencio.

Eso era algo que a Anne no le gustaba de la Iglesia: que siempre le decían a la gente lo que no debían hacer.

—Bien —susurró ella señalando las túnicas—. ¿Qué es *eso*?

—Son capuchas. Los monjes las utilizan en sus oraciones, que comenzarán pronto. Es casi la hora de Vísperas. ¿Quieres ir a Vísperas mientras busco mi teléfono?

—No, gracias.

—Es muy impresionante —dijo él con entusiasmo—. Podrías disfrutarlo.

—No —replicó ella con firmeza—, estoy bien aquí.

—De acuerdo.

Mark la invitó a sentarse en una banca de madera que había en el pasillo mientras iba a encontrarse con su teléfono celular.

—Creo que sé dónde lo dejé —señaló, adentrándose en la oscuridad.

El lugar era ciertamente oscuro. *Tal vez deberían gastar menos dinero en el aire acondicionado y más en bombillas,* se dijo. Los pasillos eran tenues, al menos en el que estaba ella. En una pared de enfrente había un gabinete ornamentado en pino oscuro. Sus cajones, tallados con flores, hojas y cabezas de angelitos regordetes, estaban cerrados, y la parte superior, pulida y brillante, se encontraba vacía. *Si tuviera eso en mi casa, estaría lleno de cartas, libros y revistas,* pensó, sonriendo.

Con la espalda recostada cómodamente contra los ladrillos frescos, Anne se percató súbitamente de su fatiga.

Estaba sentada en el extremo de una serie de cuatro pasillos que formaban un cuadrado perfecto y contenían un jardín grande y acristalado. En el centro había una fuente de mármol blanco del tamaño de un bebedero para pájaros, rodeada por cuatro cerezos grandes en plena floración. La lluvia les daba un color negro brillante a los troncos rugosos y un rosado brillante a las flores. Las azaleas resplandecían en una profusión roja. O los monjes eran unos jardineros consumados, o habían contratado a unos jardineros expertos, pues nunca había visto un jardín tan bien cuidado, exuberante con los prados, árboles y arbustos cultivados con esmero.

La vista tenía algo que le parecía familiar, pero no podía recordar si había visto el jardín cuando era pequeña o si había estado incluso en esta parte de la abadía. El jardín no le traía tantos recuerdos como sí lo hacían el campanario y el olor del incienso. Se quedó mirando el jardín como si estuviera viendo algo que conociera muy bien aunque no estuviera segura. Como si lo recordara y lo viera, sin embargo, por primera vez. Esta sensación la inquietó.

Un monje alto y delgado se acercó; llevaba túnicas blancas y negras. Ella recordaba muy bien esos trajes: el padre Edward se vestía así; y a veces llevaba restos de comida pegados en sus túnicas. El monje pasó a su lado en silencio, asintió y le sonrió, sacó una capucha de las clavijas, la pasó rápidamente sobre su hábito, organizándola con destreza para que cayera limpiamente sobre sus hombros, y se escabulló por un portal que había a su derecha.

Una campana sonó con fuerza. Anne se asustó. Miró instintivamente hacia arriba y advirtió que la campana debía estar en la torre exterior. Se oyeron unos campanazos aislados, pero pronto los repiques se hicieron más rápidos y sus tañidos sonaron con pocos segundos de diferencia.

Momentos después aparecieron varios monjes, que salían de unas puertas que ella no había visto. Caminaban en fila india por los lados opuestos del pasillo, algunos mirando el jardín acristalado, otros con los ojos clavados en el piso de azulejos de color rojo oscuro, y casi todos con las manos ocultas en los pliegues de sus hábitos. Algunos eran ancianos y llevaban bastones de madera o caminadores metálicos, y avanzaban lentamente. Dos de ellos eran bastante jóvenes, tal vez apenas unos treintañeros, aunque era difícil saberlo, pues sus caras estaban agachadas y tenían el cabello muy corto. La mayoría eran hombres de edad mediana y avanzada que daban la impresión de haber hecho este recorrido muchas veces. Solo unos pocos la miraron. Anne pensó que debían ser unos veinticinco monjes en total.

Un hombre pálido y alto, de cabello escaso, mentón retraído, y con lentes estilo Buddy Holly, le sonrió mientras se acercaba, y se inclinó para dirigirse a ella. Sus ojos eran llorosos y azules.

Anne se sorprendió al sentir deseos de conocerlo.

—Bienvenida —le susurró él—. ¿Puedo ayudarte?

—Estoy con Mark Matthews —respondió ella—. Ha perdido... Quiero decir, perdió su teléfono celular y lo estoy esperando. ¿Estoy en el lugar equivocado?

Otro monje, alto y con pelo rubio muy ralo, se detuvo frente a su banca.

—¿Eres Anne?

¿Cómo demonios sabe mi nombre?, se preguntó ella.

El monje le susurró al ver su confusión:

—Soy el hermano Robert. Mark me dijo que te iba a recoger esta noche.

¿Mark habla de mí acá?

El monje de los anteojos grandes le preguntó:

—¿Te gustaría ir con nosotros a Vísperas? Si quieres, puedo llevarte a la sección de visitantes.

—No, gracias —respondió ella, cortésmente—. Estoy bien aquí.

—De acuerdo —dijo él—. Rezaremos por ti.

Anne nunca sabía cómo responder a eso. Sus amigos se lo habían dicho varias veces y con buenas intenciones después de la muerte de Jeremiah. No estaba segura de si aún creía en Dios, por lo que le parecía hipócrita decir gracias, como si *quisiera* que ellos le rezaran a Dios. ¿Y qué les diría si no pasaba nada? ¿Y si ella no se sentía mejor? Probablemente estarían decepcionados de que sus oraciones no hubieran funcionado, y lo último que ella necesitaba era más decepciones. Así que por lo general decía simplemente: «De acuerdo». Y eso fue lo que le dijo al monje de los anteojos estilo Buddy Holly.

Él le sonrió de nuevo y entró a la capilla detrás de otro monje.

¿Por qué Mark les está hablando de mí a los monjes? ¡Qué mala educación!

Se apoyó contra la fría pared de ladrillo y cerró los ojos. Podía descansar allí mientras los monjes hacían sus oraciones. Se sentía muy cansada a todas horas.

Entonces oyó la primera nota del órgano, un tono bajo que pareció hacer vibrar su corazón.

Una fuerte voz de barítono resonó en la iglesia, cantando, «Que mi oración nocturna ascienda ante ti, oh Señor...».

A continuación, los otros monjes respondieron cantando, «Y que tu bondad amorosa descienda sobre nosotros».

Miró instintivamente a su alrededor para ver si alguien más escuchaba en los pasillos, pero no había nadie. Los monjes corearon sus oraciones con mayor confianza. ¿Estaban cantando salmos? No estaba segura. ¿Serían salmos del Antiguo Testamento o del Nuevo? Tampoco estaba segura de eso. A pesar de que no era creyente, decidió que bien podría disfrutar esa música tan hermosa mientras estuviera allí. De vez en cuando se había preguntado qué significaba «Vísperas» y supuso que era un servicio de oración aburrido con un montón de lecturas de la Biblia y sermones monótonos. Pero estos cantos eran una maravilla.

Después de unos pocos salmos y de una lectura que no pudo oír bien, los monjes empezaron a cantar algo que sonaba como una verdadera canción; un himno. Las primeras notas resonaron en su memoria.

¡Claro! ¿Cómo podía haberlo olvidado? Su padre lo tarareaba mientras trabajaba en casa. Sí. Su madre solía bromear al respecto. «Ay, cielito, por favor. No cantes ese *himno* de nuevo. ¡Un poco más y terminarás haciendo mermelada!»

El himno de su padre. Cerró los ojos y dejó que la canción la remitiera a su pasado. Se sentía somnolienta y empezó a cabecear. Luego tuvo una imagen de su padre cargando a Jeremiah en el hospital poco después de su nacimiento, y sintió que el agujero en su estómago se hacía más grande. El recuerdo del gran amor que su padre sentía por su nieto era como un cuchillo en su corazón. *¡Cómo te extraño, Jeremiah!*

Sus defensas normales se vieron debilitadas por la somnolencia, y comenzó a llorar. No pudo evitarlo. Estaba muy cansada y sentía como si el incienso y la música estuvieran tocando sus fibras más íntimas. Había días en los que pensaba que la tristeza la derrotaría, ahogándola y destruyéndola.

Mientras sacaba un pañuelo de papel de su mochila oyó el tañido de la campana. Y, en ese momento, los monjes comenzaron a salir de la capilla. Ella se secó los ojos. Si había algo que no necesitaba, era justamente eso: ser sorprendida llorando en el pasillo.

El monje de los anteojos de Buddy Holly se detuvo frente a ella.

—¿Estás bien?

Anne estaba decidida a no hacer el ridículo.

—Sí, estoy bien —dijo, y asintió rápidamente—. En serio, estoy bien.

Sin embargo, comenzó a llorar de nuevo, por más que trató de contenerse. Las lágrimas que se esforzaba en reprimir afloraron de todos modos.

Cuando el monje se sentó a su lado, le preocupó que pudiera pasar el brazo alrededor de ella, pero no lo hizo. Permaneció sentado allí, mientras los otros monjes pasaban en silencio y desaparecían por las puertas de las que habían salido. Anne se secó los ojos; se movió un poco, y la banca de madera crujió ruidosamente. Habló después de un rato.

—Mi hijo murió.

—Lo siento mucho —dijo el monje—. Que descanse en paz.

Ella asintió e hizo una pausa.

—Gracias.

—¿Cuándo murió, si se puede saber?

—Hace tres años.

Anne pensó que esto sonaba absurdo. El monje podría pensar que ya debería haber superado su pena. Tal vez no lo diría, pero lo *pensaría*.

—Hace muy poco, entonces —señaló él.

Anne lo miró con una mezcla de gratitud y de sorpresa.

—Sí —coincidió ella—. Así es.

—Lo siento mucho. ¿Cómo se llamaba?

Anne notó que el abad no estaba susurrando, y empezó a sollozar. Decir el nombre de su hijo la hacía llorar a veces, como si estuviera evocando su recuerdo de una manera más concreta, haciendo que él estuviera presente para sí misma y para los demás. Pero no podía creer que estuviera llorando delante de alguien que no conocía.

—Me siento muy avergonzada —se disculpó—. Esto es muy vergonzoso.

El monje se miró su hábito blanco y negro y esperó.

—Jeremiah —dijo, finalmente.

Ambos vieron que Mark se acercaba.

—¡Lo encontré! —anunció Mark con un susurro, sosteniendo el teléfono sobre su cabeza mientras corría por las baldosas rojas. Anne se apartó del monje, se secó las lágrimas, y echó el paquete de pañuelos de papel en su mochila.

8

Mark vio sus lágrimas y se sintió desconcertado.

—Veo que has conocido al abad —le dijo.

—¿Usted es el abad? —preguntó Anne, volviéndose hacia el monje.

—Perdona —respondió él, que se había puesto de pie, como si la formalidad fuera la regla—. Ni siquiera me presenté. Soy el padre Paul. —Le tendió la mano y ella se la estrechó.

—Él es el *abad* —dijo Mark.

—¡Ya veo! —asintió Anne, quien parecía perturbada. Se puso también de pie y le dijo al monje:

—Encantada de conocerle.

—¿Dónde estaba tu teléfono? —preguntó el abad a Mark.

—Soy un imbécil —le contestó—. Busqué por todas partes, y lo encontré en la capilla. Supongo que lo dejé allí mientras cambiaba las flores de la semana pasada.

—¿Le rezaste a San Antonio?

Mark lo miró sin entender.

—Vamos —dijo Anne—. Hasta yo sé eso: «San Antonio, San Antonio por favor, ven acá. Algo se ha perdido y no lo puedo encontrar».

—¡Ah, eres católica! —comentó Paul.

—Algo así —repuso ella.

—Ya veo. ¿Eres de por aquí?

—Ah sí, de Filadelfia. Toda mi vida.

—¿Habías estado antes en la abadía?

—Es curioso —le respondió—. Mi padre solía traerme aquí cuando era pequeña. Lo crea o no, él solía llevar las cuentas aquí. Era amigo de uno de los monjes: del padre Edward, si mal no recuerdo. De hecho, estoy bastante segura de que fue él el que me bautizó.

El abad sonrió.

—Sí, claro, el padre Edward a veces recibía un permiso especial para bautizar a los hijos de las personas que trabajaban aquí. Obviamente, ya está muy viejo, pero todavía...

—¿Está *vivo* todavía? ¡Debe tener cien años!

—¡No, si acaso tendrá poco más de ochenta! —le dijo, riendo—. Pero supongo que te debe haber parecido viejo cuando eras pequeña. ¿Te gustaría visitarlo? Actualmente se encuentra en nuestra enfermería. Estoy seguro de que le encantaría ver qué ha sido de la bebé que bautizó.

A Anne la alarmó la invitación que no se esperaba. Su respuesta fue espontánea:

—No, gracias.

Esperaba que el abad no percibiera que era lo último que le gustaría hacer en ese instante. Sin embargo, se sintió culpable y añadió:

—Pero dígale, por favor, que le mando saludos. Y que mi padre lo apreciaba mucho.

Eso era cierto. A él le encantaba repetirle a la mamá de Anne las historias divertidas que el padre Edward le contaba de los otros monjes. Su favorita era sobre el monje confundido que intentó lavar su ropa en el lavavajillas.

—Esta noche le diré que te conocí. Estará feliz de saberlo. Y feliz de que hayas venido a visitarnos.

Anne pensó que esas eran palabras muy generosas. Y también habían hecho que estar sentados en una banca durante unos minutos pareciera como un gran acto de caridad.

—Bueno —interpuso Mark—. Creo que es hora de irnos.

Una ráfaga de viento sopló a través del jardín del claustro, sacudiendo las ramas de los árboles, y comenzó a llover de nuevo. Al cabo de pocos segundos, ya era todo un aguacero.

—¿Saben qué? —dijo Mark—. Déjenme llevar la camioneta al frente de la iglesia para no tener que atravesar el camino con este aguacero. ¿Le parece bien, padre Paul?

Anne se sintió aliviada de saber que no tendrían que pasar por el cementerio.

El abad asintió, y Mark se precipitó por una puerta.

—¡Hurra! —gritó alegremente, mientras corría en medio de la lluvia.

El padre Paul sonrió al observar a Mark escabullirse por el sendero de lajas, perder momentáneamente el equilibrio sobre las piedras grises y resbaladizas, enderezarse, y saltar a su camioneta.

—Ese Mark —comentó—. Nos sorprende con su energía. A su manera es un hombre santo.

Anne no supo cómo responder a eso, así que se limitó a asentir.

Cuando Mark subió a su camioneta, el abad se volvió hacia Anne y le dijo:

—Como dijo Jesús: «Sígueme».

—¿Ustedes pueden decir cosas como esa? —preguntó Anne mientras caminaban sobre los pisos de baldosas.

—Acabo de hacerlo —señaló el padre Paul con una amplia sonrisa que dejó ver sus dientes separados—. Además, ¿quién me va a corregir? Soy el abad.

Luego de entrar a la capilla, se hincó sobre su rodilla derecha y rápidamente se puso de pie. Anne hizo lo mismo aunque por pura cortesía.

La capilla tenía un techo alto de madera oscura, un piso de baldosas rojas idéntico al de los pasillos, y ventanas con gruesos vitrales azules y blancos con motivos abstractos. El altar era un bloque colosal de piedra gris, increíblemente pesado. Anne se preguntó cómo diablos lo habían traído los monjes a la capilla. Estaba cubierto con un paño blanco y largo que parecía recién planchado, pues no tenía una sola arruga. Los dobladillos de sus extremos rozaban el suelo. Dos candelabros de hierro forjado estaban a ambos lados del altar, cada uno con una vela blanca y gruesa.

Arriba del altar había un crucifijo peculiar, sostenido por unos cables casi invisibles. La cruz en sí era simple, de madera lisa pintada de rojo. El cuerpo de Jesús era de metal negro, y sus manos clavadas no estaban levantadas sobre su cabeza, como en otros crucifijos que había visto Anne, sino perpendiculares a su cuerpo. Tampoco tenía la cabeza inclinada; más bien, su rostro triste y grave miraba en línea recta, y esto la perturbó.

Sin embargo, en líneas generales, y salvo por un elemento arquitectónico destacado, se parecía a la mayoría de las iglesias católicas grandes de los años cincuenta. Ocupando la mitad delantera de la iglesia, donde uno esperaría encontrar bancos en dirección al altar, había dos filas seguidas de sillerías en madera, una enfrente de la otra, en las paredes laterales de la iglesia. Cada conjunto de sillerías, elaboradas en madera de color claro, tenía aproximadamente cuarenta asientos. Anne trató de descifrar el propósito de esta disposición.

—Aquí es donde los monjes nos sentamos para orar —le explicó el padre Paul, mientras pasaban por el medio—. Algunos se sientan en un lado, y los demás en el otro. De esta manera podemos vernos mutuamente. Estar juntos nos ayuda a sentirnos más como una comunidad.

En el centro de una pared lateral había un retrato enmarcado de la Virgen María, pintado sobre un lienzo blanco. El cuadro, apoyado en un atril de hierro, reposaba sobre una pesada mesa de madera con las patas talladas. Al lado había una mesa metálica y endeble sobre la cual estaba un florero de cristal fino y acanalado que contenía rosas rojas.

María, de piel aceitunada y con un vestido rojo oscuro, sostenía en sus brazos a Jesús, que llevaba una túnica blanca. La madre de Jesús parecía estar mirando directamente a Anne. Su expresión era inescrutable: una mezcla de tristeza, resignación y desafío. Anne se preguntó súbitamente si María sabía lo que le iba a pasar a su hijo. ¿Tendría algún indicio? No había pensado en esto antes. ¿Estaría eso en la Biblia? ¿Sabría María que a su pequeño hijo terminarían matándolo?

El padre Paul estaba ocupado marcando los momentos del día en que los monjes rezaban, pero Anne no le estaba prestando atención. Por unos cuantos segundos, mientras el padre Paul hablaba, ella se concentró en el retrato, encontrándose con la mirada de ella que la sostenía como queriéndole decir: «Lo sé».

—Vamos por aquí —le indicó el padre Paul, y la condujo a un lado de las sillerías, luego por el pasillo principal, y finalmente por un muro de ladrillos que le llegaba a la cintura y que tenía una abertura en el centro. A un lado de la pared había bancas corrientes, aunque muy brillantes, en dirección al altar, tal como Anne había visto siempre en las iglesias.

—Nuestros visitantes se sientan en esta parte de la iglesia —dijo él.

¿Por qué los visitantes no rezan con los monjes?, se preguntó ella.

Cuando el padre Paul abrió la puerta principal, una brisa húmeda sopló a través de la iglesia. Se colaron algunas hojas, y él las sacó empujándolas con una de sus sandalias. Salieron al pórtico y vieron la camioneta de Mark frente a la playa de estacionamiento, con la puerta abierta para ella.

—¿Te importaría esperar un segundo? —preguntó el padre Paul, al tiempo que entraba a la iglesia.

Mark bajó la ventanilla.

—¿Adónde fue el padre Paul?

Anne se encogió de hombros.

Cuando regresó, el padre Paul le dijo a Anne al tiempo que depositaba una pequeña tarjeta en su mano:

—Te vi admirar nuestro ícono, y pensé que podría gustarte esto.

Anne miró la imagen de María y Jesús. Algunas gotas gruesas cayeron desde los aleros a la tarjeta. Había algo escrito en el respaldo.

—Gracias —respondió ella, conmovida por el pequeño gesto de bondad.

—Vuelve en cualquier momento —le dijo el padre Paul—. Siempre serás bienvenida. Y tal vez puedas visitar al padre Edward. Estoy seguro de que le encantaría.

—Gracias —contestó, aunque no había pensado en ver al sacerdote anciano.

Corrió una corta distancia bajo la lluvia y subió a la camioneta. Admiró los pinos altos que bordeaban el camino de la entrada, cuyas ramas pesadas dejaban caer en la hierba el agua de la lluvia mientras Mark salía del estacionamiento.

—Es simpático, ¿verdad? —dijo Mark—. El padre Paul es un buen tipo.

—Sí —señaló ella mirando por la ventana—. Parece serlo.

Guardó la tarjeta en el bolsillo y sintió que se doblaba debido a la humedad.

9

Cuando Mark se detuvo frente a la casa de Anne, ya había escampado y el aire era más fresco. Anne abandonó la camioneta agradecida de que Mark la hubiera traído. Era un acto generoso de su parte, aunque ella se preguntaba si eso era lo que hacía a alguien «santo», como había dicho el padre Paul. ¿Mark un santo? No lo parecía. Por un lado, se mantenía de fiesta en fiesta y por otro, salía con un número aparentemente interminable de mujeres; al menos eso era lo que le había dicho el papá de Brad. Y ella dudaba de que los santos hicieran eso.

Revisó el buzón, abrió la puerta, empujó a Sunshine hacia atrás, y arrojó las llaves sobre la mesa redonda de la cocina. Sirvió un poco de alimento para perros en el tazón metálico de su mascota y se sentó mientras lo oía masticar con fruición. Aunque había cuatro sillas alrededor de la mesa, ocupó la que acostumbraba cuando Jeremiah y Eddie aún vivían con ella: era la que estaba más cerca del fregadero. No se había sentado ni una sola vez en la silla de Jeremiah después de su muerte. Era su silla.

Desató el paquete de la correspondencia que el cartero había tenido la amabilidad de sujetar con una gruesa banda de caucho. Eran básicamente cuentas y anuncios comerciales. También estaban el *Entertainment Weekly*, un placer culpable; *The New Yorker*, por la literatura, y no por las caricaturas; *The Economist*, un periódico al que se había aficionado en la universidad, aunque no conocía a nadie más que lo leyera; y una carta de su prima. La abrió de mala gana con un cuchillo para carnes. Elizabeth tenía una forma muy peculiar de escribir cartas, por lo que no le sorprendió ver un sol amarillo estrechándose la mano con otro astro del mismo color. Ambos estaban sonriendo. «¡Amor!» decía un pequeño globo que salía de la boca de los dos soles.

—Ay, *Dios* —dijo Anne en voz alta.

Su prima le había escrito: «Sé que pronto será el cumpleaños de Jeremiah, y quería que supieras que he estado pensando en ti. Con mucho amor, Elizabeth. Besos y abrazos».

Uno de los días más felices de su vida se había convertido en uno que la deprimía. El único día que aborrecía más que ese era el aniversario de la muerte de su hijo. Miró fijamente los soles y detestó sus caras felices y estúpidas. Un día le diría a su prima que si iba a enviarle a alguien una carta mencionándole la muerte de su hijo, debía asegurarse de no incluir nada ni nadie que sonriera, y mucho menos cuerpos celestes.

Mientras se acomodaba en la silla, sintió algo en el bolsillo de su pantalón. Era la tarjeta del monasterio que estaba un poco arrugada debido a la lluvia.

Le pareció que en la abadía, el rostro de María no se veía tan triste porque en la tarjeta parecía estar al borde de las lágrimas. O tal vez solo estaba seria. Era extraño contemplar la imagen de una madre sosteniendo a su hijo con una expresión tan melancólica.

Su padre solía rezar el rosario todas las noches, y su madre tenía una efigie de María en porcelana azul y blanca en su mesa de noche pero, por lo demás, ella no sabía mucho sobre la madre de Jesús. A veces deseaba conocer mejor el contenido de la Biblia. Lo único que recordaba de la escuela dominical eran los dibujos del arca de Noé, los villancicos que cantaban para Navidad y las reproducciones de la tumba de Jesús que hacían en arcilla. Pensó de nuevo en María.

¿Habría María dado a luz a Jesús si hubiera sabido lo que le iba a pasar? Por supuesto que él se había levantado de entre los muertos, pero, ¿cómo podía ella soportar verlo sufrir? Alguna vez vio una película en la que María se arrodillaba al pie de la cruz mientras Jesús estaba siendo crucificado, y luego se agarraba de la cruz y gritaba.

María tuvo un hijo, pensó de repente. Anne no sabía por qué nunca lo había pensado en esos términos. Se sintió tonta. Obviamente, María era la madre de Jesús. Pero de alguna manera, le sonó diferente cuando pensó en las palabras «María tuvo un hijo». Se sentía diferente. Y María tuvo un hijo que murió. ¿Tendría alguien que decirle que a su hijo lo iban a crucificar? ¿Habría tenido ese alguien que recorrer toda Jerusalén para encontrarla el Viernes Santo? ¿Habría alguien que le dijera: «¡María, ven pronto que están crucificando a tu hijo!»? ¿A quién podría haberle correspondido la horrible tarea de informárselo?

Recordó la noche aquella cuando abrió la puerta de su casa para encontrarse con la policía.

Le dio la vuelta a la tarjeta y leyó:

Ante la cruz ocupando su lugar
Estaba su Madre llorando en aflicción
Cerca de Jesús hasta el final
¡O María. Madre de Dolores, ruega por nosotros!

Cuando leyó las palabras sobre estar cerca de Jesús se le hizo un nudo en la garganta. Eso fue exactamente lo que sintió al ver a Jeremiah en la cama del hospital. No se sintió avergonzada de gritar cuando la policía le dio la noticia. No se sintió avergonzada de no poder dejar de llorar en el patrullero mientras iba al hospital, con las sirenas desgarrando el aire húmedo de la noche. No se sintió avergonzada de que la gente oyera su llanto cuando vio a su hijo en la unidad de cuidados intensivos. Ella solo quería estar cerca de Jeremiah. Al verlo, notó que el pelo lo tenía igual que cuando le daba fiebre: húmedo y pegado a la cabeza. Solo que ahora estaba cubierto de sangre. En cuanto lo vio, supo que se estaba muriendo. Porque de alguna manera, Jeremiah no lucía como Jeremiah.

Todo lo que quería hacer era estar cerca de él. Quería sostenerlo con tanta fuerza que no la abandonara nunca.

Leyó las palabras en la parte posterior de la tarjeta. «Cerca de Jesús hasta el final». Se llevó la mano a la boca y sollozó. Odió al monje por haberle dado esa tarjeta, pero también estaba agradecida con él. Sunshine restregó el hocico en sus tobillos.

«Está bien», le dijo al perro y le acarició la cabeza de color dorado castaño.

Con todo cuidado secó la tarjeta con una toalla de papel y la fijó en la puerta de su refrigerador con un imán rojo de los Phillys que Jeremiah le había comprado la primera vez que fue a un juego.

10

El padre Paul no podía creer la cantidad de trabajo que había tenido que hacer esa noche.

Una de las cosas que de vez en cuando le molestaba en su condición de abad era lo que los «laicos» —los que estaban por fuera del monasterio— comentaban acerca de su trabajo. «Debe ser agradable no tener ninguna responsabilidad», le había dicho una de las ricas benefactoras católicas que lo había visitado unos días atrás. Pero él no dio expresión a su molestia debido a que el monasterio dependía de sus generosas contribuciones.

—Bueno —le había aclarado a la dama—, es *ora et labora*. Oración *y* trabajo. En realidad me mantengo muy ocupado.

—Ah, no lo dudo —había replicado ella despreocupadamente, aunque él sabía que no le creía.

Cuando el padre Paul entró al noviciado, sus amigos reaccionaron de dos maneras. Pensaban que estaba desperdiciando su vida después de haber terminado un doctorado en Historia de la Iglesia y haber conseguido un cargo como profesor titular en la Universidad de Villanova; que estaba entrando a un mundo perfecto donde los conflictos eran desconocidos, los problemas mortales habían sido desterrados, y donde la norma era una vida abundante de oración.

Ninguna de aquellas suposiciones era acertada. Él sabía que su vocación no suponía desperdiciar su vida, sino que era la realización de ella. Unos años después de entrar al monasterio, el abad le había pedido que les enseñara a los novicios Historia de la Iglesia. «Utilizaremos todos tus talentos aquí», le había dicho el abad. «Dios te los dio, y Dios nos dio a ti». Y Paul disfrutaba al poner sus habilidades en uso. Más tarde, después de su nombramiento como director de novicios, le había enviado una postal con la foto de la abadía a su antiguo jefe de departamento en Villanova. «Enseñando de nuevo», había escrito. «¡Y no hay comités!» El jefe de departamento le había respondido en otra postal: «Inscríbeme».

En cuanto a que la vida monástica estuviera libre de conflictos, contaba a menudo la historia del hermano Francis, un monje que había muerto hacía mucho tiempo, y quien tenía una forma única de comunicar su descontento a sus compañeros monjes. Cada vez que estos cantaban un salmo que mencionara la palabra «enemigo», como en «Oh Dios, líbrame de mis enemigos», el hermano Francis levantaba deliberadamente la vista de su libro de oraciones y le lanzaba una mirada de odio al monje que estuviera enojado con él esa semana.

¿Y una vida de oración consistentemente rica? Había sido monje por el tiempo suficiente para saber que la vida espiritual tenía altibajos. A menudo se sentía cerca de Dios: en su oración privada, mientras rezaba en comunidad, o durante el ajetreo del día. A veces, una palabra o una frase de los salmos parecían atravesarle el corazón como una flecha. En muchas ocasiones, una historia del evangelio que había oído decenas de veces en los últimos años le parecía completamente nueva, como si no la hubiera escuchado antes, y adquiría una importancia irresistible. Y con la misma frecuencia, se reía con otro monje sobre algunas locuras en la abadía y sentía una oleada de consuelo por su vida. También había tenido un par de veces lo que más tarde comprendió que eran experiencias verdaderamente místicas. Una vez, durante Vísperas, se sintió completamente lleno del amor expansivo de Dios, como si su corazón no fuera lo suficientemente grande para contenerlo. Todos esos momentos los atesoraba.

Pero también sabía que la vida espiritual tenía partes áridas y, a veces, además de áridas, secas cuando realmente no se sentía cerca de Dios. La oración podía parecer rutinaria, e incluso aburrida. En una ocasión se sorprendió pensando, *Si tengo que cantar este salmo una vez más, mi cabeza explotará.* Tenía que admitir que en ocasiones, la misa podía ser monótona. Y su oración personal a veces estaba llena de distracciones. Curiosamente, sin embargo, cuanto más tiempo pasaba como monje y más leía los escritos de los grandes maestros espirituales (todos los cuales habían experimentado más o menos lo mismo que él), menos se preocupaba por los períodos de sequía. Era como cualquier relación: las cosas no podían ser emocionantes a todas horas. *Tal vez*, había pensado unos años atrás, *el corazón humano no podría recibir a Dios si estuviera siempre tan cerca.*

La vida en el monasterio era satisfactoria, y también ocupada. Una vez había escrito, en una página y especialmente para su hermana, el horario del día típico de un abad —«El Día Abacial»—, junto con los nombres de los diversos momentos de oración. La palabra «abacial» le causaba mucha gracia. La encontraba absurdamente pretenciosa, por lo que la utilizaba con la mayor frecuencia posible para hacer reír a los monjes. «Por favor, padre, siéntese en el sofá abacial».

Conservaba esa página e incluso le había sacado copias y enviado a sus amigos de afuera, pues con frecuencia le preguntaban: «¿Qué hace un abad todo el día?». Deseó tenerla a mano cuando aquella benefactora hizo su comentario.

El Día Abacial

3:30 a.m.: Vigilias. La primera oración del día, y mi favorita. Me tomó casi un año acostumbrarme al horario, pero después me di cuenta de que me encantaba orar en la oscuridad, antes de comenzar el día.

4:15–6:00: Desayuno. Una comida sencilla, seguida por un poco de oración silenciosa y lectura espiritual en mi habitación (mi «celda», como la llamamos), y por supuesto, bañarme, afeitarme, y esas cosas.

6:00: Laudes. La misa diaria. Normalmente soy el celebrante de las grandes ceremonias, pero me turno con otros sacerdotes para el resto de las misas.

7:00: Lectura espiritual, correspondencia, preparación de charlas para los monjes en el «capítulo», nuestras reuniones de la comunidad. A esta hora también escribo mis homilías, cuando es mi turno de presidir al día siguiente.

9:00–12:00: Visitar a los monjes en la enfermería; ir a la fábrica de mermelada; reunirme con el «cillerero», el monje a cargo de los alimentos y las provisiones; y hablar con el director de la planta física sobre los terrenos y demás. En estas horas a veces me siento como si estuviera gobernando una ciudad pequeña.

10:00: Tercia. Esta oración se puede decir donde quiera que estés, por ejemplo, en la fábrica de mermelada.

12:15 p.m.: Sexta. En este momento del día puedo encontrarme cabeceando durante nuestra oración, algo que no es recomendable para un abad.

12:30: Almuerzo. La comida es bastante buena. Y como soy el abad, ¡puedo asegurarme de eso!

1:00: Limpieza en la cocina.

2:00: Nona. Esta oración se llama así porque es en la «novena hora» del día después del amanecer.

2:15–5:30: Lectura espiritual, más correspondencia y correos electrónicos, charlas en el capítulo, visitar a los monjes que están en la enfermería, hablar con los monjes que trabajan, reunirme con los monjes que dirigen otras partes del monasterio, con un descanso para la oración personal.

5:30: Vísperas.

6:00–7:30: Cena, limpieza, reuniones privadas con los monjes o con la dirección espiritual. En este horario veo algunas veces a personas «de afuera».

7:30: Completas. La última oración del día. Al final de Completas bendigo a todos los monjes con agua bendita antes de retirarnos a dormir. Ver a los monjes mayores —algunos de los cuales me formaron—, inclino la cabeza y pido su bendición en una actitud de humildad.

8:00: Lectura de ocio, ponerme al día con los periódicos, hora de acostarme. Normalmente estoy rendido.

Ser abad era algo a lo que nunca aspiró, ni podía haber imaginado que sería un candidato. Pero a medida que la elección se

acercaba tres años atrás, comenzó a sentir que los monjes buscaban a un hombre más joven para tomar el relevo. Como un monje
de edad mediana que había completado su formación, que había
sido director de novicios, y que tenía bastante buena salud (salvo
una lesión persistente en la espalda), sospechaba que probablemente estaría en la contienda. Sin embargo, resultó ser el único
en sorprenderse por su elección: ganó en la primera votación.

Aun con sus responsabilidades, y a pesar de que extrañaba la
vida más simple de un monje, las funciones de abad le sentaban
bien. Parecía desempeñarse con eficiencia y los monjes lo apre-
ciaban en términos generales; al menos la mayoría. Siempre había
personas en la comunidad que no se llevaban con los demás ni con
él. Un monje, que desde que entró al noviciado le cogió antipatía
se puso rojo de la ira cuando fue elegido abad; por eso, siempre
trató de ser especialmente cuidadoso con él. Pero le gustaba ser
abad, y le encantaba vivir allí.

Por otro lado, como les recordaba a menudo a los laicos, la
vida en la Abadía de los Santos Felipe y Santiago no era perfecta.
A pesar de sus mejores intenciones, los monjes discutían, se eno-
jaban entre sí, y de vez en cuando se guardaban rencor. Los monjes eran imperfectos y pecaminosos, tal como él mismo sabía que
lo era. Una frase de Thomas Merton, el monje trapense cuyos
libros había leído por primera vez en la escuela secundaria, ponía
las cosas en perspectiva: «La primera prueba —y la más elemen-
tal— del llamado personal a una vida religiosa, sea como jesuita,
franciscano, cisterciense o cartujo, es la disposición de aceptar
vivir en una comunidad en la que todo el mundo es más o menos
imperfecto».[3] Memorizó esa frase, que utilizaba con los novicios.

---

3. Thomas Merton, *Momentos de paz con Thomas Merton* (San Pablo, Bogotá, 2004)
p. 152.

Juan Berchmans, un santo jesuita de quien había leído en el noviciado, escribió *Vita communis est mea maxima penitentia*. Algunos eruditos piadosos habían traducido *communis vita* como «vida en común», es decir, la vida cotidiana de hombres y mujeres: levantarse, ir a trabajar, luchar por la vida, y así sucesivamente. Pero él sospechaba que tenía otro significado más acertado. «La vida en comunidad», la vida en una orden religiosa, era su mayor penitencia. En los días fríos de invierno, cuando un tercio de los monjes tenía gripe, otro tercio era hosco, y otro tercio estaba enojado con él por alguna decisión que había tomado, le rezaba a San Juan Berchmans.

Con frecuencia pensaba que podía modificar la cita de Berchmans de modo que dijera, «La vida en comunidad es mi mayor penitencia y mi mayor bendición». Desde el primer día en que entró al monasterio se sintió encantado de muchas cosas. Durante su primera semana, le dijo al padre Edward, director de novicios que le gustaba tanto que sentía deseos de cantar. El padre le había respondido: «Ajá, entonces está bien que cantemos ¡varias veces al día!».

Otros de sus afectos eran fáciles de nombrar. Le encantaba el horario estructurado, pues lo eximía de preguntarse cómo organizar su día. También se sentía feliz de no preocuparse por dónde estaría en el futuro. Sus hermanos y hermanas parecían pasar de un trabajo a otro cada pocos años, y el año anterior, uno de sus hermanos había tenido que mudarse con su familia de Filadelfia a Carolina del Norte. En contraste, él estaría sembrado allí hasta que muriera y fuera enterrado en el cementerio de la abadía. «Mi futuro hogar está aquí», le dijo una vez a su hermana mientras paseaban por las filas de cruces blancas del cementerio. A ella le pareció un comentario mórbido, pero él lo encontró reconfortante. Al final de su noviciado, hizo los votos monásticos de la obediencia, la conversión de la vida (en otras palabras, vivir como un monje), y la estabilidad. Este último era el voto más fácil para él.

Le encantaba rezar —en realidad, cantar— en compañía de sus hermanos monjes, porque cuando estaba feliz por su vocación y quería gritárselo a Dios, podía hacerlo; y cuando estaba dudando de su vocación, había otros que no dudaban y podían mantenerlo a flote con sus oraciones.

Ver el cambio de las estaciones en esta magnífica parcela de tierra era otra alegría para él. En los días de tormenta, podía asomarse a la ventana del dormitorio para ver los pinos verdes y altos doblarse con el viento, lo cual era un espectáculo hermoso. En los días que nevaba, podía ver el techo de la fábrica de mermeladas atiborrado de nieve fresca, y eso también era hermoso. Y en los días de primavera, sus favoritos, podía admirar los cerezos y cornejos en el jardín del claustro brotar con flores rosadas y blancas, y eso era lo más hermoso de todo.

Miró por la ventana el cielo color violeta y luego se sentó a su escritorio, sacó una tarjeta postal con una foto del jardín del claustro, y comenzó a escribirle a una dama que acababa de donar una gran cantidad de comentarios sobre la Biblia. No solo la biblioteca ya tenía esa serie particular de libros, sino que estos, además, eran viejos y obsoletos. Sin embargo, quiso darle las gracias de todos modos.

II

Durante los próximos días, Anne no pudo sacarse de la cabeza esa frase: «Cerca de Jesús hasta el final». Era exactamente así como se sentía con Jeremiah. El viernes siguiente mientras conducía a su trabajo mantuvo la radio apagada. Trataba de averiguar por qué esas palabras la habían impactado. Pasó frente al monasterio, y por un momento pensó en detenerse e ir a la capilla para ver de nuevo la imagen de María, y luego se rio, hizo un movimiento con la cabeza y dijo en voz alta: «¡Vaya, estoy segura que eso no se lo tomaría muy bien!» y se imaginó la reacción de su jefe cuando le dijera que había llegado tarde al trabajo porque se había detenido en un monasterio para ver la imagen de María.

Después de la muerte de Jeremiah, se sintió agradecida de tener un empleo. Era indudable que tenía que seguir trabajando porque a pesar de recibir el alquiler de su otra casa, lo cierto era que tenía que mantenerse por sus propios medios. Pero después del accidente de su hijo, del velorio, del funeral y de las semanas que pasó en casa, se sintió aliviada de tener algo para distraerse de su pena. Al cabo de unos meses empezó a sentir que su casa la tenía atrapada, como si los recuerdos la estuvieran aplastando. Y aunque se le hacía casi imposible concentrarse y todo el mundo la trataba como si fuera un florero de cristal frágil, finalmente llamó a su jefe y le dijo que volvería a trabajar, y se sintió feliz de hacerlo.

Esas palabras sobre María permanecieron con ella. Ese viernes se conectó a la red a la hora del almuerzo, localizó un motor de búsqueda, y escribió las palabras «Cerca de Jesús hasta el final».

Una avalancha de imágenes súper católicas apareció en la pantalla, el tipo de cosas que ella detestaba. Una imagen de María tan blanca como un lirio sosteniendo a un Jesús muerto y lleno de sangre. Una pintura flamenca de la Crucifixión, en la que María lloraba y otra persona estaba al pie de la cruz. Y una pintura de la cruz desde el punto de vista de Jesús, en la que María y otras mujeres estaban postradas por el dolor mientras los soldados romanos las miraban. Después de algunos *clics* descubrió una cita que había sido tomada de una oración llamada el Stábat Mater y que hablaba de María al pie de la cruz. Comenzó a leerla, pero no se interesó por terminar la lectura. No le gustó el resto de la oración; solo la frase de su tarjeta. Una vez más, Jeremiah acudió a su mente y a su corazón.

De repente, se sintió enojada consigo misma. *¿Qué hago yo mirando todas estas cosas religiosas? ¡Qué tontería!* Dios no le había ayudado cuando Jeremiah se estaba muriendo. Tampoco había ayudado a Jeremiah. Dios no estaba cerca de ella, ni de Jeremiah, ni de ninguna persona.

Abandonó la página, asomó la cabeza en la oficina de al lado, y le preguntó a su colega más joven, Kerry, si quería que fuera a buscar algo para el almuerzo.

—Claro —dijo Kerry—. ¿Qué estás haciendo ahora?

—Nada —respondió Anne—. Perder el tiempo en la Internet.

Al final del día, sintió una mezcla de emociones desconocidas. Como siempre, Jeremiah estaba en su mente. Después de tres años, se estaba acostumbrando a eso, y solía sentir que se le desgarraban las entrañas cada vez que pensaba en él. Los terapeutas que vio por unos pocos meses después de la muerte de Jeremiah le dijeron que era normal pensar en él con tanta frecuencia. Pero ahora había algo más: la curiosidad por el monasterio, y en particular, por esa pintura.

12

Anne se acercó a la salida de la abadía en la Ruta Azul mientras se dirigía a su casa. Cada vez estaba más molesta consigo misma, y se preguntaba por qué seguía pensando en aquel cuadro. Le parecía una pérdida de tiempo. De todos modos, ¿cómo habría de saber lo que sentía María?

También se planteó olvidarse de su pena; si es que podría hacerlo algún día. Tal como solía suceder, se sentía confundida no solo con respecto a lo que estaba sintiendo, sino a lo que se *suponía* que debía estar sintiendo. ¿Qué era lo normal? No quería olvidarse de Jeremiah —eso sería imposible—, pero anhelaba dejar de obsesionarse con su muerte, y dejar de recrearla una y otra vez en su mente. Solo quería recordarlo cuando estaba vivo, y no muerto. ¿Era posible? Los terapeutas le habían dicho que lo que ella sentía era normal. «Permítete sentir lo que sientes», le habían dicho. «El dolor no tiene calendario».

La imagen de María volvió a sus pensamientos de un modo persistente.

María no había tenido que llorar mucho a Jesús: solo tres días, ¿verdad? Y él no había tardado en regresar. Jeremiah llevaba tres *años* muerto.

«Intenta eso, María», dijo en voz alta en su auto. Luego se sintió culpable por sus palabras. Pero de todos modos, no sabía si creía en Dios, así que, ¿a quién le importaba?

Y entonces repitió, «Intenta eso, María». Se sintió mejor al decirles a María, y tal vez también a Dios, lo que sentía exactamente. Luego se sintió avergonzada. María había visto a su hijo sufrir tres horas en la cruz. Anne recordó cuando sostuvo la cabeza de Jeremiah por espacio de tres horas en la cama del hospital, hasta que murió. Lo había sostenido con fuerza, incluso después de que los médicos le dijeron que ya se había «ido». ¡Qué cosa más estúpida! ¿Ido? ¿A dónde?

María entendería su aferramiento. Una madre entendería a otra. Sintió un nudo en la garganta. Quería hablar con otra mujer que hubiera perdido a su hijo. ¿Qué diría María?

«Ah, qué demonios». Se detuvo en la salida que conducía a la abadía.

Era su momento preferido del día, justo antes de la cena, y el sol poniente emanaba unos reflejos rosados en los vientres de las nubes que se deslizaban rápidamente. Su madre solía llamar a este color «rosado azul del cielo».

Siguió la señal que apuntaba hacia la abadía, cruzó el portón de hierro, y recorrió el largo camino de entrada al monasterio. Recordó estar sentada junto a su padre mientras él conducía su viejo Ford Falcon por este mismo camino. ¿Qué lo había llevado allí? Su trabajo con los monjes parecía ser siempre algo que él *hacía* simplemente —como pagar las cuentas cada mes o cortar el césped cada semana—, algo que ella nunca cuestionaba. No le había preguntado por qué iba a la abadía del mismo modo que tampoco le habría preguntado por qué sacaba la basura todos los miércoles por la noche.

¿Por qué no había hablado con sus padres acerca de su fe? Cuando era joven, le pareció que la religión era algo que le imponían, y se había sentido aliviada de olvidarse de todo eso cuando entró a la universidad. Pero ahora se preguntaba qué había pasado con sus padres. Si le hubieran hablado sobre su fe, tal vez ahora fuera una creyente en lugar de sentir que se estaba perdiendo algo que otras personas tenían. Sin embargo, sabía que en caso de haberlos ella llevado al tema, probablemente todo hubieran terminado en otra acalorada discusión sobre por qué no iba a la iglesia.

Se estacionó frente a la capilla en el mismo lugar donde lo había hecho Mark tan solo unos días antes. Había dos autos en el parqueadero.

La gruesa puerta de madera de la capilla se abrió silenciosamente. Una vez adentro, se encontró en el otro lado de la pared donde se había sentido molesta cuando el padre Paul lo había señalado. Una anciana que vestía una blusa azul de mangas largas, pantalones vaqueros y zapatos de lona, estaba arrodillada en la banca directamente detrás del muro bajo de ladrillo en la sección de visitantes. Se sentó en la última fila pese a que, desde allí, era difícil ver el cuadro de María, que estaba en una pared lateral.

Estiró el cuello para ver mejor. *Es absurdo que tengan una sección de visitantes,* pensó. *¿Qué tipo de iglesia es esta?*

Se puso de pie y pasó al lado de la anciana, que alzó la vista mientras rezaba y vio a Anne pasar por el muro de ladrillo y entrar a la sección de los monjes. Suspiró con fuerza, aparentemente molesta porque su privacidad se había visto alterada.

Vistos de cerca, los colores eran más vivos de lo que Anne recordaba, y más brillantes que los de la tarjeta. El vestido rojo oscuro —casi café— de María, tenía una estrella blanca y delicada que reposaba sobre su hombro derecho. Y Jesús no llevaba una túnica blanca, como en la tarjeta, sino una de color crema. Su mano derecha formaba un pequeño signo de la paz, presionando entre sí dos de sus dedos. Sin embargo, María no observaba al niño en sus brazos, sino a Anne.

«Mírame», María parecía decirle. «Sé por lo que pasaste».

Alguien tosió. No era la anciana que rezaba. Anne se sonrojó y se quedó como congelada. Después de unos cuantos segundos, giró la cabeza y se sorprendió al ver que un monje anciano la miraba fijamente desde un asiento que estaba atrás. Era evidente que ella lo había interrumpido en su oración.

—¿Eres Annie? —le preguntó él con voz ronca y cascada.

—Sí. Soy Anne.

El monje se agachó, su cabeza casi enteramente poblada de pelo canoso, se agarró del borde de la silla, se empujó hasta quedar de pie y sonrió.

—Annie —repitió, mientras bajaba lentamente las escaleras que conducían a la fila elevada de atrás. Anne sintió como si estuviera viendo un fantasma. Él se arrastró hacia ella.

—¿El padre Edward?

—¡En carne y hueso! —dijo él—. Bueno, al menos lo que queda. Le sonrió, mostrando sus dientes grandes y retorcidos. Ella se preguntó si aún tendría mal aliento.

—Salgamos —susurró él—. Se supone que no debemos hablar aquí.

Se arrastró hacia una puerta, sumergió sus dedos en la fuente de agua bendita y se santiguó. Anne lo siguió, y él la condujo al mismo pasillo en el que había estado con Mark y el abad hacía unos días. Una suave brisa agitaba las delicadas flores rosadas de los cerezos en el jardín acristalado.

Los pasillos de la abadía estaban bañados con la luz naranja del sol poniente. Anne se preguntó por qué antes estaba tan oscuro y ahora tan iluminado, y recordó que la última vez había estado lloviendo.

—Annie —dijo él, mientras agarraba el brazo de una banca de madera junto a una pared de ladrillo y se sentaba lentamente. No estaba susurrando.

—El abad me dijo que habías venido. Me alegró mucho saber eso. Sí, ¡qué alegría verte! Y te reconocería en *cualquier lugar*. Por tu pelo castaño y esa sonrisa. Pero has perdido tus pecas, ¿verdad?

Ella se sonrojó y sonrió. Casi nadie la recordaba de niña; sus padres habían muerto, y solo tenía unos primos dispersos por los alrededores de Filadelfia. Le habían mostrado su apoyo después del accidente y en las semanas que siguieron, pero al cabo de unos meses, Anne se había sentido incómoda con ellos sin saber de qué hablar; también se había sentido conmocionada y entristecida por lo mucho que ellos adoraban a sus hijos. Así que, después de un tiempo, había dejado de llamarlos.

—Tu padre fue un amigo para nosotros; un gran amigo —dijo el padre Edward enfáticamente—. Fue muy generoso, y por muchos años llevó nuestras cuentas sin cobrarnos.

¡*Eh*! Ella siempre había pensado que le pagaban.

—Sí —dijo Anne—, era muy generoso en ese sentido.

—¿Pero qué haces de pie ahí? Siéntate a mi lado... Aquí, por favor. ¡Y tu madre! Era una mujer maravillosa.

Se inclinó en el banco y agregó:

—Solían llevarme a cenar de vez en cuando, y cuando lo hacían, yo encantado de darme una escapada de la abadía.

Anne reprimió una sonrisa cuando notó que el aliento del monje olía a enjuague bucal de menta. Alguien debió hablarle de su aliento en algún momento durante los últimos treinta años.

—¿Lo llevaban a cenar? —preguntó Anne.

—Ah, sí. Había un restaurante maravilloso cerca de aquí, llamado La Posada de las Cuatro Cascadas.

Anne recordó el lugar, situado cerca de una carretera muy transitada, al lado de la cara escarpada de un acantilado rocoso por el que caían cuatro pequeñas cascadas.

—Me encantaban las almejas casino que vendían.

Cerró los ojos luego de aquel recuerdo entrañable.

—¡Una vez me comí dos porciones! —recordó el padre Edward—. Tu madre pidió una y yo otra, pero ella me dio la suya porque sabía que me daba vergüenza pedir dos. ¡Ja!

Qué extraño estar sentada allí con un hombre al que daba por muerto desde hacía mucho tiempo, y que hablaba con tanta generosidad de sus padres. De repente, se abrió una ventana a su pasado.

—El abad me dijo que habías venido, y me sentí muy mal por no tener la forma de ponerme en contacto contigo. ¿Dónde vives?

—Justo sobre la Ruta Azul. En Plymouth Meeting.

—No está muy lejos de aquí. ¿La otra noche era la primera vez que regresabas? Y luego, sin esperar respuesta, añadió:

—Todos estos años me he preguntado qué había pasado contigo. Lamento no haber podido encontrarte. Después del funeral de tu madre, me di cuenta que no sabía dónde vivías, y que tampoco tenía tu número telefónico. Y en esa época era difícil para nosotros usar un teléfono, solo teníamos una guía telefónica, no sabía tu nombre de casada, y luego perdí el contacto. Lo siento mucho.

El padre Edward expresó sus remordimientos, y a Anne le conmovió su tristeza. No sabía a cuál de sus comentarios responder, así es que comenzó por el primero.

—Sí, la otra noche fue la primera vez que regresaba en mucho tiempo.

El padre Edward la miró con una sonrisa.

—Siempre he vivido cerca, pero supongo que...

No sabía cómo decir que desde la muerte de sus padres no había pensado mucho en el monasterio.

—Sí, claro; estabas ocupada. ¡Tienes una *vida* que vivir! ¿Quién querría visitar a un monje viejo de todos modos?

Agitó la mano, dispersando así cualquier incomodidad que pudiera sentir ella.

¿Él siempre había sido así? Anne comenzó a entender por qué sus padres disfrutaban de su compañía. No había dejado de sonreír desde el momento en que dijo su nombre en la capilla. Y seguía sonriendo, muy feliz de verla. Anne se preguntó si se sentiría solo. *¿Lo visitaría alguien?*

—El abad dijo que viniste con Mark la otra noche. ¿Es cierto? ¿Viniste para Vísperas? ¿Rezaste con nosotros?

—No, no lo hice.

El padre Edward esperó, pues tenía curiosidad de saber por qué había regresado, como si fuera la cosa más importante del mundo.

—Mark Matthews me estaba llevando a casa porque mi auto se había averiado y en el camino recordó que había olvidado su celular.

Se echó a reír.

—Es un poco complejo.

La expresión en el rostro del padre Edward indicaba que estaba agradecido por conversar un poco, ávido incluso de escuchar una larga historia, así que le contó lo que había sucedido esa noche, esperando que no pareciera desdeñar mucho del monasterio; a fin de cuentas, había ido allí por accidente.

—Fue la Virgen la que te trajo de vuelta.

Ella lo miró fijamente.

—Te vi mirar la imagen de Nuestra Señora. ¿No es hermosa?

—Sí.

—Siempre me ha gustado la forma en que sostiene a Jesús. ¿Qué te gusta a ti?

Anne no esperaba este tipo de conversación, pero el padre Edward era muy amable, y se encontró con que realmente quería hablar de esto.

Le dijo lo mucho que le gustaba la forma en que María miraba al espectador de una manera tan sencilla. Que era tierna y fuerte con el bebé a un mismo tiempo y que le gustaba esa combinación.

—Así es —coincidió el padre Edward, posando su mirada en Anne mientras hablaba—. Esa es simplemente la forma de ser de María. Tierna y fuerte. Y adivina qué. Ese ícono se llama Nuestra Señora de la Ternura. —Parecía agradecido de que Anne hubiera visto lo mismo que él.

—Y bueno, ¿qué has estado haciendo todos estos años? ¿Estás casada? ¿Tienes hijos? ¿Están en alguna escuela cerca de aquí? ¡Espero que sea una escuela católica!

Anne se negó a llorar esta vez y sacudió la cabeza bruscamente.

—Estoy divorciada.

—¡Qué pena! Esa es una experiencia dolorosa.

Anne hizo una pausa y dijo finalmente:

—Y tenía un hijo, pero... murió hace unos años.

—¡Oh, no! —dijo el padre Edward con los ojos muy abiertos—. ¡Cuánto lo siento!

Extendió su mano, tomó la de Anne y se la apretó con fuerza.

—¿Cómo se llamaba?

—Jeremiah.

El padre Edward cerró los ojos.

—Jeremiah —repitió en voz baja—. Rezaré por él.

Anne sintió el pecho oprimido y asintió. No iba a llorar.

—¿Qué le pasó?

Anne le contó la historia. La había contado tantas veces que había memorizado dos versiones, una corta y una larga. Esa noche le dio la versión corta: el accidente, el hospital, el funeral. Miró el jardín del claustro mientras le contaba la historia. Curiosamente, sentía que sus emociones eran menos intensas cuando la narraba incluso con todos los detalles. Y al terminar su historia, vio que los ojos del padre Edward estaban cubiertos de lágrimas.

—Lo siento mucho, Annie. Estoy seguro de que lo extrañas terriblemente. Que descanse en paz.

Ella asintió.

La gran campana sonó.

—Las Vísperas —dijo él—. ¿Te gustaría unirte a nosotros?

—No, gracias. Me quedaré sentada aquí.

Él le soltó la mano.

—Todos los días rezaré por Jeremiah —le dijo—. Aunque estoy seguro de que no necesita mis oraciones. Tu chico maravilloso ya está en el cielo. Y sin duda que todo este tiempo ha estado rezando por ti.

Anne nunca había visto las cosas de este modo. Sintió tristeza, gratitud y culpa. Ella pudo haber rezado por Jeremiah, y ahora él estaba rezando por ella. Se sintió tan confundida que no supo qué creer. Dejó caer la cabeza y reprimió el deseo de llorar.

Los monjes salieron de las numerosas puertas del pasillo y caminaron en silencio a la capilla, mientras la campana seguía repicando.

—Annie —susurró—. Lo siento, pero tengo que ir a Vísperas; sin embargo, quiero decirte algo.

—Sí, claro.

—No olvides que estaré orando por tu hijo y por ti. Ven cuando quieras. Y pregunta también por mí.

Se agarró del brazo de la banca, se impulsó hasta quedar de pie, y luego se inclinó sobre ella como para decirle algo, pero se enderezó.

—Dios te bendiga —le dijo, y se dirigió lentamente hacia la capilla.

Por el rabillo del ojo Anne vio que el abad se acercaba. Se movía con mayor rapidez que los otros monjes. Cuando estuvo cerca, hizo un leve movimiento de cabeza a modo de saludo y le sonrió. Entonces vio que ella tenía los ojos rojos y dejó de sonreír.

—Bienvenida de nuevo —le dijo—. Me alegra verte.

Anne asintió y sonrió. Él le devolvió la sonrisa y entró a la iglesia.

Oyó a los monjes acercarse a las sillerías y tomar asiento. Sonó la nota de un órgano.

«Que mi oración de la noche ascienda ante ti, oh Señor», cantó un monje.

«Y que tu bondad amorosa descienda sobre nosotros», respondieron los demás.

Mientras escuchaba a los monjes cantar sus oraciones, Anne se preguntó cómo era que había terminado allí. No tenía planeado venir, estaba enojada consigo misma por no poder sacarse ese cuadro de su mente y ahora se sentía contenta por haber venido. La música era hermosa, le gustaba el cuadro de María, y el padre Edward era muy amable. Era casi como hablar de nuevo con su papá.

Los monjes empezaron a entonar la canción que cantaba su padre.

Ella escuchaba.

Al terminar las Vísperas, el padre Edward y el abad regresaron a su lado. Antes de que tuvieran la oportunidad de hablarle, ella les preguntó:

—¿Cuál fue la última canción que cantaron?

—La Salve Regina —le dijo el abad—. La cantamos todas las noches.

—Mi padre solía tararearla todo el tiempo. Nunca supe cómo se llamaba.

El padre Edward comentó:

—Ya sabes, le encantaba venir a Vísperas y a Completas. Todo el tiempo rezaba aquí con nosotros.

—No sabía eso —dijo ella—. No sabía nada de eso.

13

Al sábado siguiente en la mañana, Mark estaba a la puerta de Anne. Vestía pantalones cortos color caqui y una camiseta de los Medias Rojas de Boston.

—¿Sabes que podrías tener problemas aquí con esta camiseta?

Él se miró el pecho y sonrió.

—A veces ni siquiera recuerdo lo que me puse en la mañana.

Anne se rio.

—Afortunados los hombres. Al menos tú.

Mark le extendió un sobre blanco tamaño carta sin destinatario ni remitente.

—¿Qué es esto?

—Es de Brad y sus amigos. Para pagar por la ventana. Me lo prometieron, o al menos les *hice* prometer que pagarían por ello. De modo que aquí tienes.

Anne tomó el sobre y pensó en lo mucho que le agradaba Brad. Había sido tan bueno con Jeremiah, quien era un poco introvertido antes de conocer al niño que se convertiría en su «mejor amigo» tal como decían ellos. Brad —intrépido, alegre, aventurero—, descubrió un lado de su hijo que ella no había visto nunca, si acaso sabía que existía. Uno de sus recuerdos favoritos de Jeremiah era cuando él tenía ocho o nueve años. Había abierto la puerta de un golpe, corrido a la cocina y gritado: «¡Mamá! ¡Brad me pidió que jugara en su equipo de hockey en la escuela! ¿Puedo?». Era como si le hubieran regalado un boleto para la Serie Mundial.

Aunque Brad nunca había dejado de ser cortés con ella, Anne se daba cuenta de que la evitaba después del accidente de su hijo. Se le había hecho muy difícil decirle —y nunca pudo encontrar unas palabras que no los hiciera llorar a ambos— que echaba de menos al mejor amigo de su hijo. Extrañaba las correrías de ambos por la sala de su casa, aunque a veces llevaran barro en sus zapatos y en una ocasión hasta caca de perro.

John, el padre de Brad, le había confiado la gran aflicción de su hijo después del funeral. Se había encerrado en su cuarto y arrojado a la basura todas las fotos que tenía con Jeremiah. John las había recuperado con todo cuidado y las había guardado, pues sabía que algún día Brad querría tener sus recuerdos de nuevo. John le había dicho que Brad se sentía culpable de haber convencido a Jeremiah de ir al cine en bicicleta, contrariando así los deseos de su madre. Anne le había dicho muchas veces que no lo culpaba, pero él parecía sordo a su perdón. Y era cierto: ella sabía lo mucho que Brad apreciaba a Jeremiah, y no lo culpaba en absoluto. Se alegraba de no albergar ningún resentimiento contra él. Simplemente no lo sentía. Esperaba poder decirle eso algún día.

Cuando Anne lo veía, sentía un impulso irresistible de abrazarlo. Le recordaba mucho a Jeremiah. Era una conexión viva con su hijo. Pero a sus dieciséis años, ya era casi un hombre. Hacía solo unos días, lo había visto conduciendo el auto de su padre, lo que significaba que Jeremiah ya estaría conduciendo también...

—¿Estás bien? —le preguntó Mark en la puerta.

Anne regresó al presente.

—Estoy bien, solo que un poco cansada.

Miró el rostro amable y sincero de Mark, y se preguntó si debía decirle que había visitado la abadía. Quería contárselo a alguien. Le estaba empezando a parecer raro mantenerlo en secreto. Además, realmente no era nada que otros no pudieran saber.

—Oye, el otro día me detuve en la abadía mientras regresaba del trabajo.

Las cejas de Mark quedaron a la altura de su pelo rubio.

—¿En serio?

—No tienes por qué sorprenderte tanto. Iba cuando era niña, ¿recuerdas?

Enseguida se arrepintió por haber usado el tono con que le habló. Si se había sorprendido de ella misma al visitar la abadía, ¿por qué no le iba a sorprender a él?

—Sí. Fue muy interesante ver la F&S después de tantos años. ¿Te dije que mi padre había trabajado para ellos como contador y que llevaba sus cuentas?

Mark asintió.

—Son muy amables. Y me encontré con un monje anciano que conocía a mi padre.

—No solo son muy amables; son geniales. Amo a esos tipos.

Ahora fue el turno de que Anne se sorprendiera.

—Claro. Hay algunos que son unos insufribles pero, en general, realmente los aprecio. ¿Quién es el que conocía a tu padre?

—El padre Edward.

Mark echó la cabeza hacia atrás y se rio.

—¡Oh, el padre Ed! Es comiquísimo. Y olvidadizo. El año pasado, cuando le ayudamos a limpiar su cuarto, encontramos casi cien dólares en efectivo.

—¿Se supone que deben tener todo ese dinero? ¿No son monjes acaso?

—Sí, hacen votos de pobreza, por lo que no tienen dinero propio. Los regalos que reciben —ya sabes, dinero en efectivo y esas cosas— se los entregan a la comunidad. De todos modos, el padre Ed a veces recibe regalos en efectivo de su familia en Navidad y en su cumpleaños, billetes de veinte dólares y demás, ¿y sabes dónde los pone?

Anne negó con la cabeza.

—¡Los utiliza como marcadores de libros!

—¿Qué? ¿Utiliza billetes de veinte dólares como marcadores? ¿Cómo si fuera un millonario? Es mucho para tratarse de votos de pobreza.

—No, no —dijo Mark—. Él es así. Al padre Ed no le importa el dinero. Él está realmente, ya sabes, más allá de eso. Quiero decir, por lo general lo entrega, pero a veces simplemente... se le olvida. No es alguien que piense en el dinero.

Anne no supo qué pensar. ¿Era eso ser libre, o estúpido?

—De todos modos —explicó Mark al ver su aparente desaprobación— el padre Ed es un gran tipo. Es muy amable conmigo. Y lo mismo sucede con el padre Paul y el hermano Robert. Sin embargo, mi favorito es el hermano Robert. Siempre me dice que va a rezar por mí, y yo pienso, caray, eso no hace daño.

—No. Supongo que no.

Le dio las gracias a Mark por el sobre y comenzó a cerrar la puerta justo cuando Sunshine corrió por el pasillo y se abalanzó en un intento vano por atacar al extraño. Mark se agachó, entrecerró los ojos y le lanzó una mirada fulminante, lo cual enfureció al perrito. Anne le hizo un gesto a Mark desde el otro lado de la puerta de malla y luego la cerró.

—¡Cállate, demonio! —le dijo. El perro ladró una vez más con insolencia, como si supiera que Mark lo oiría.

Dentro del sobre había una hoja sin rayas. Anne la abrió y los billetes se desparramaron en la alfombra de la sala: varios billetes de veinte dólares, unos pocos de diez, y dos de cinco. Brad y sus amigos probablemente habían reunido sus ahorros para pagar por la ventana.

Anne se agachó, recogió el dinero, y leyó la nota. «Lo siento», decía con una letra espantosa.

14

—¡No me vengas con eso! —la increpó Kerry cuando Anne le explicó por qué no podía ir a tomar una copa después del trabajo—. ¿Vas a ir al *monasterio*? ¿Desde cuándo eres tan religiosa?

Faltaba poco para que terminara la jornada laboral y Kerry y Anne estaban sentadas ante una mesa de conferencias con un montón de registros financieros frente a ellas; toda una maraña de facturas, recibos, declaraciones de ingresos, balances y conciliaciones bancarias.

—No lo soy —le aclaró, lamentando de inmediato haberle dicho eso a su amiga—. Solo estoy visitando a un amigo de mi padre, un monje anciano que vive allá.

—Me da escalofríos cuando pienso en todos ellos —afirmó Kerry—. ¿Pasar toda una vida sin nada de sexo? ¿Rezando todo el tiempo? Gracias, pero no. Por otro lado, la mermelada que hacen es impresionante. ¡Ñam! Consígueme algunos frascos, ¿quieres? Me gusta la mermelada de arándanos.

Inicialmente, Anne se sintió inclinada a defender a los monjes, pero luego se dio cuenta de que estaba de acuerdo con Kerry, al menos en algunos puntos. La última vez que había estado en la abadía se había descubierto pensando, *¿Qué es lo que hacen todos los días?* Aun así, sabía lo suficiente como para no enfrascarse en una discusión con Kerry, quien tenía poca paciencia con cualquier asunto religioso. Cuando alguien en la oficina mencionaba la palabra «iglesia», generalmente los lunes, Kerry suspiraba pesadamente y hacía un gesto de desagrado con los ojos.

En los últimos días, Anne se había sentido agobiada por el trabajo. Su firma había conseguido recientemente un nuevo cliente que necesitaba una auditoría inmediata, y todo por un director comercial que había malversado fondos. No entendía cómo había tanta gente que podía robarles a sus empleadores, pero había visto lo suficiente como para saber que eso sucedía con frecuencia. Este último desastre era típico. Con Kerry estaban haciendo la auditoría de una compañía cuyo director comercial había creado falsas empresas que le cobraban a su compañía por servicios que nunca prestaron. Esto solo salió a la luz cuando el director se jactó de su mala conducta con otro empleado y se sintió extrañamente orgulloso de haber engañado durante mucho tiempo al director general. Era satisfactorio hacer este tipo de trabajos, porque a Anne le parecía que podía ayudar a enmendar las cosas, aunque también la hacía sentir casi impura. Esa auditoría le había producido deseos de visitar el monasterio.

Después de asegurarle a Kerry que no iba a ser una monja, organizó con poco entusiasmo los registros financieros que estaba revisando, agarró su chaqueta, se despidió de su amiga, salió del edificio, subió a su auto y se dirigió a la abadía.

Mientras conducía por la Ruta Azul, se le ocurrió que realmente tenía intenciones de hacer esto. Visitar al padre Edward era lo correcto, una especie de retribución por toda la bondad que le habían demostrado las personas después de la muerte de Jeremiah: las visitas, las llamadas telefónicas, las flores, las tarjetas, los platos de comida. Un día después del funeral, cuando le dijo al padre de Jeremiah que no aceptaría más alimentos ni flores, este le respondió: «Es su manera de demostrar que te quieren. Tienes que dejar que te quieran de esta forma». Eddie no tenía la razón en muchas ocasiones, pero esta vez sí la tenía.

De algún modo extraño, esas atenciones múltiples y su visita al padre Edward parecían estar conectadas; era una especie de ciclo de dar, recibir, y de ser agradecida.

El sol ya estaba abajo en el firmamento cuando llegó al portón de la entrada. Durante el largo camino, pasó al lado de una mujer que caminaba lentamente con la cabeza agachada. Más arriba, un anciano parecía deambular sin rumbo, y unas pocas personas charlaban bajo los arcos del pórtico de la iglesia. ¿Se estaría entrometiendo en alguna actividad religiosa? No sabía mucho aún sobre las actividades en la abadía, salvo por algunos hechos simples: los monjes rezaban, iban a misa, hacían mermelada, y no tenían sexo.

Y, además, habiendo venido sin ningún tipo de preparación previa, pensó que no sabría cómo encontrar al padre Edward. Había llamado a la abadía unas horas antes cuando estaba en el trabajo, pero había interrumpido la llamada al recordar que los monjes no tenían teléfono en sus habitaciones; que el único número que aparecía en su página web era el de la fábrica de mermelada, y ese no era el que buscaba; y el de la casa de huéspedes, cuya función desconocía. Había dejado un mensaje en el contestador de esta casa, pero no sabía si podrían localizar al padre.

La iglesia se erigía al final de la vía de entrada. Anne se sintió confundida y dio una vuelta por el estacionamiento, en busca de algo que indicara en dónde vivían los monjes. Se puso roja, avergonzada y enojada de haber venido sin saber adónde. «Rayos», dijo en voz alta. Entonces vio en un poste un pequeño letrero de madera con letras rojas que decía «Casa de Huéspedes».

Siguió por un camino de grava que conducía a una cabaña de una sola planta, cuyas ventanas estaban divididas con parteluz; la puerta de madera roja y el tejado de laja hacían parecer como si perteneciera a un hobbit.[4] Las pocas personas que deambulaban por el camino de entrada miraban su auto pasar. *Metiches*, les dijo con el pensamiento.

La gran campana de la abadía comenzó a tañer en la torre alta y gris. Los que andaban por ahí levantaron la vista como ciervos ansiosos, y avanzaron rápidamente por el camino en dirección a la iglesia. Eran las Vísperas.

Tocó el timbre que había en la puerta de la casa de huéspedes. No obtuvo respuesta. Tal vez todos los monjes estaban en Vísperas. Tras empujarla con suavidad, la puerta se abrió, encontrándose con una anciana de pelo oscuro y un poco descuidado sentada ante un escritorio.

—Oh —dijo la anciana, mientras se ponía lentamente de pie—. ¡Estaba a punto de ir a abrirla!

Anne se encontró en un pequeño vestíbulo con baldosas rojas, alfombras orientales un tanto desgastadas, y repleto de estantes con libros. Uno de ellos estaba atiborrado de mermeladas de la abadía. A su lado había otro estante metálico y delgado, con tarjetas postales. La mayoría tenían fotos coloridas del monasterio

---

4. Los hobbit son una raza imaginaria similar a los humanos, de tamaño pequeño y con los pies peludos, creados por J. R. R. Tolkien en sus historias.

en las diferentes estaciones: la iglesia abacial cubierta de nieve, las flores primaverales en el jardín del claustro, las mariposas en los arbustos de lilas en el camino de entrada, una hilera de arces con hojas rojas en el valle. Varias tarjetas mostraban la imagen de María que había en la iglesia. Una de ellas era la misma que el padre Paul le había dado aquella primera noche.

En el escritorio de la anciana había un pequeño cartel que decía: «Hostelera». Anne reprimió una sonrisa: sonaba vagamente pretencioso. Luego se preguntó por qué los monjes tenían un lugar tan grande para los huéspedes. ¿Sería allí donde se hospedaban sus familias?

—¿Viene para un retiro? —le preguntó la mujer.

Anne rio.

—¡No!

Se dio cuenta de que esto podría sonar insultante, por lo que se apresuró a añadir:

—Vine para ver al padre Edward. ¿Está por aquí?

—Me llamo Maddy —le dijo la anciana y le extendió la mano—. Los monjes se acaban de ir a Vísperas, pero recibimos su mensaje y él la está esperando. Si quiere, puede sentarse un momento aquí hasta que terminen las oraciones.

Anne exhaló un suspiro profundo, se sentó en una silla de madera con respaldo alto y se dedicó a hojear algunas revistas que había en la mesa de centro: *America, Commonweal, U.S. Catholic, First Things, Liguorian, St. Anthony Messenger*. Recordaba vagamente haber visto a sus padres leer algunas de ellas. Contenían un montón de fotos del Papa, de varios cardenales y obispos, de personas en países en vías de desarrollo y de estadounidenses que sonreían mientras salían de la misa dominical. Dejó las revistas en la mesa, sacó su teléfono celular, y revisó su correo electrónico.

—Disculpe —le dijo Maddy—. No puede usar su celular aquí. Tratamos de que haya silencio.

Más reglas. Otra razón por la que no iba a la iglesia. Entonces se imaginó que como esta mujer sabía seguramente lo que pasaba allí, satisfaría su curiosidad.

—¿Puedo hacerle una pregunta estúpida? —inquirió. Se anticipó a la respuesta de Maddy a medida que las palabras salían de su boca; no se decepcionó.

—No hay preguntas estúpidas.

—De acuerdo. ¿Qué hacen los monjes todo el día? Además de rezar y de hacer mermelada.

Maddy se rio.

—Bueno, eso es un día completo, si me lo pregunta. Entre la oración, la comunidad empresarial, y el trabajo en la fábrica de mermelada, algunos de estos chicos se mantienen más ocupados que yo. Y eso que yo me mantengo muy ocupada.

—Entonces —replicó Anne, sintiendo que su pregunta había sido evitada con educación—. ¿Qué hacen... exactamente?

—Oh, perdón —dijo Maddy—. Bueno, su día es bastante completo. Supongo que sabe que comienzan sus oraciones a las tres y media, y...

—¿Qué? ¿A las tres y media?

—Sí, las Vigilias, y después...

—¿A las tres y media de la *mañana*?

—Sí —asintió Maddy, disfrutando la sorpresa de Anne—. Luego hacen un poco de oración personal y leen hasta las cuatro, creo. Después se visten, supongo, y desayunan. Luego están las Laudes, que es su oración matinal, después viene la misa, y a continuación... Espere un momento. Siempre se me olvida el horario exacto.

Metió la mano en un cajón y sacó una hoja muy desgastada, que tenía por título la palabra «Horarium».

—Mire —le dijo—. *Horarium* significa «las horas». Es su horario del día. Échele un vistazo.

Maddy guio a Anne a través del día. Antes de la misa, los monjes rezaban el Ángelus, fuera eso lo que fuese. Elevaban esa oración tres veces al día. Luego trabajaban en la fábrica de mermelada o en el monasterio hasta el mediodía.

—Pero, ¿qué tipo de cosas hacen?

—Bueno, algunos trabajan en la fábrica de mermelada, tanto en la oficina comercial como en la fábrica. Otros cuidan los jardines y cosechan vegetales, y hay mucha limpieza que hacer, con los baños y todo lo demás. Algunos trabajan en la cocina; y luego está el director de novicios, el director de los monjes jóvenes en formación, que es como llaman al entrenamiento. Y algunos de ellos llevan a cabo dirección espiritual para personas de afuera; y también está el sacristán, que se encarga de la iglesia; y luego el enfermero, que cuida de los monjes en la enfermería; y luego está el hostelero...

—¿No es usted la hostelera?

—¡No! —Maddy rio—. *Yo* no soy la hostelera. Es el hermano James. Yo simplemente ayudo y lo remplazo cuando están en la capilla. Él me llama la «vice-hostelera». El abad Paul me llama el «ama de huéspedes» o, a veces, la «patrona de huéspedes», lo cual me hace reír.

Si Maddy no hubiese estado concentrada en la página de *Horarium*, habría visto sonreír a Anne. Ese último título sonaba aún más sugerente.

—De modo —prosiguió ella—, que aquí está el resto del día. Oración a media mañana en el sitio de trabajo, y luego la Sexta, que es otra oración en la capilla; su comida principal a las doce y

treinta, después de lo cual lavan los platos. A continuación, des-
cansan o salen a caminar. A las dos de la tarde elevan la oración
de media tarde, seguida de más trabajo. Entonces pueden rezar
(*¿Rezar de nuevo?*); descansar (*es lo que yo haría*); o hacer ejerci-
cio *(hmm)*. Se los imaginó trotando por los jardines con sus largos
hábitos blancos y negros.

Ella sabía qué eran las Vísperas. Era la oración que ella parecía
interrumpir a las cinco y media. Después de eso estaba un «yantar»
liviano, lo cual sonaba agradablemente anticuado, seguido de más
oración y lecturas, y finalmente las Completas, o la oración nocturna, durante la cual rezaban el Salve Regina.

—¿Qué es eso?

—¿Qué es qué?

—Esto —dijo, señalando la página—. El Salve Regina.

—Oh, es una oración a María. Dice así...

Y tarareó algunos compases.

Anne se sorprendió nuevamente al escuchar la melodía que
tanto le encantaba a su padre. Había olvidado el nombre, aunque
el padre Paul se lo había dicho aquella primera noche.

—Sí, me gusta esa canción. ¿Qué significa?

Maddy hizo una pausa.

—Fíjese que no lo *sé*. Se trata de María: eso es todo lo que sé.
Salve Regina significa «Dios te salve, Reina». Pero... ¿No es gracioso? No sé muy bien lo que significa el resto.

Frunció el ceño decepcionada de sí misma, y luego se rio.

—Supongo que únicamente lo sé en latín. De todos modos, así
es como terminan su día; con esa canción. Entonces el abad los
bendice, se van a dormir, y comienza el «Gran Silencio». Se supone
que deben permanecer callados hasta las tres y media.

—¿No pueden hablar?

—Bueno, en realidad no. No mucho por lo menos. No estoy muy segura. Hablan en varios momentos del día, por supuesto, pero tratan de guardar silencio, y a veces utilizan incluso el lenguaje de señas.

Anne miró todo el horario. Parecía una forma de vida desalentadora.

—Es una gran cantidad de oración —comentó—. Y de trabajo, supongo.

—*Ora et labora* —dijo Maddy alegremente.

Anne se quedó mirándola.

—Orar y trabajar.

Maddy la miró con algo semejante a la compasión, o eso creyó Anne.

—¿Sabe? Hace unos años asistí a un retiro aquí después de haber perdido mi trabajo. No sabía qué hacer. Mi marido y yo necesitábamos mi sueldo; él recibe actualmente una pensión por discapacidad, pero no alcanza para mucho. Después de pasar unos meses sin hacer nada en mi casa, sentí como si estuviera en las últimas. Y lo peor de todo, Dios parecía estar completamente ausente de mi vida. Me sentí como diciendo, «¿Dónde estás, Dios?» ¿Sabe a qué me refiero, verdad?

Anne asintió.

—Mi marido vio un aviso en nuestro boletín parroquial sobre un retiro de fin de semana para mujeres, y me insistió para que asistiera hasta que vine. Me enamoré de este lugar. Solo *mírelo.*

Señaló una ventana que enmarcaba una vista de la iglesia de la abadía bajo el sol poniente y el cielo bermellón.

—El abad Paul fue muy amable en el retiro, y aparte de eso, me escuchó; me refiero a que realmente lo hizo, como ningún hombre lo había hecho conmigo: ni siquiera mi marido, a quien amo.

Maddy tenía la mirada perdida.

—Adoro a estos tipos —añadió con firmeza—. Me han ayudado mucho. Y ellos también me adoran. Por lo menos siento que lo
hacen. No todos, por supuesto: creo que saco de quicio a algunos.
Y, francamente, algunos también *me* sacan de quicio a mí. Pero ya
sabe, cuando lo piensa, se da cuenta que no es una mala manera
de vivir. Orar y trabajar y amar a otras personas como amigos, y
pensar todo el tiempo en Dios no está tan mal, ¿verdad?

—No —coincidió Anne, sorprendiéndose a sí misma—. No
está nada mal.

15

El padre Paul entró a la casa de huéspedes y sonrió al ver a Anne.

—Oh, ¿una nueva asistente al retiro?

—No, padre —respondió Maddy—. Vino para ver al padre Edward.

—Sí. Solo estaba bromeando. Aunque espero que algún día pueda venir a un retiro.

Anne no supo qué decir, así que repuso:

—Tal vez... supongo.

Entonces comprendió que aquellas personas metiches que habían mirado su auto probablemente estaban en un retiro.

El abad tomó la mano de Anne entre las suyas y le dio la bienvenida.

—El padre Edward me dijo que ibas a venir, pero no se está sintiendo muy bien hoy.

—¿Se trata de algo serio?

—No, no, es simplemente la vejez. Y también, que esta semana sepultamos al padre George, uno de sus buenos amigos. Entraron juntos como novicios hace unos cincuenta años. Así que eso lo afectó realmente. El padre George era el último miembro de su clase de noviciado. El padre Edward está muy preocupado por no poder reunirse contigo, pero realmente necesita descansar. Son órdenes del abad. Sin embargo, me pidió que velara por ti y me asegurara de que estuvieras bien. ¿Puedo ofrecerte al menos una taza de café?

Anne se sintió molesta por haber ido allí y deseó haber sabido que el sacerdote estaba enfermo. *Qué desperdicio de tiempo,* pensó. *¿Por qué los monjes no tenían sus propios teléfonos? ¿Y qué si alguien necesitaba contactarlos en caso de emergencia? ¿Tenía que depender de una nota de Maddy para poder comunicarse con ellos?* La vida en el monasterio le parecía deliberada y casi voluntariamente arcaica.

Aun así, le caía bien el padre Edward. El padre Paul también era muy agradable. Había sido muy amable con ella el día que hablaron al lado del jardín del claustro. Así que aceptó la taza de café.

—Y *debería* venir para un retiro —señaló Maddy.

Anne asintió cortésmente.

—Gracias por decirme lo que hacen los monjes.

—¡Hey! —interpuso Paul—. ¡Me gustaría oír hablar de *eso*! ¿Qué hacemos aquí, oh Patrona de Huéspedes?

Maddy se rio.

—Solo estaba mostrándole el *Horarium,* padre Paul; eso fue todo.

Después de agradecerle y despedirse de Maddy, el padre Paul acompañó a Anne por los pasillos de la casa de huéspedes. Al igual que el edificio principal del monasterio, la casa estaba dispuesta en torno a un jardín aunque más modesto, igual de hermoso. Estaba lleno de matas de rododendros y arbustos de azaleas podadas con destreza. Sobre las puertas de las habitaciones había letreros ovales con nombres tales como «San Ignacio», «San Bernardo», «Santa Ana» y otros que Anne recordaba de la escuela dominical. Cada letrero, que tenía la imagen de un santo, parecía pintado y escrito a mano, aunque debió ser muchos años atrás, pues los colores se habían desvanecido casi hasta el punto de la transparencia.

—Estos son los dormitorios del retiro —le dijo el padre Paul; todos *tienen* el nombre de un santo—. Es más fácil recordar nombres que números; además, los ejercitantes tienen un santo patrón durante su retiro.

Atravesaron un corredor estrecho de ladrillos y entraron al monasterio. El abad no dejó de hablar mientras caminaban por los extensos pasillos.

—Los ejercitantes pasan con nosotros desde un fin de semana hasta ocho días. Comen en el comedor de los ejercitantes y, por lo general, se unen a nosotros para nuestras oraciones y, obviamente, para la misa. Algunos se levantan para Laudes, pero la mayoría solo lo hace para las oraciones posteriores. Y nos alegra tenerlos aquí. La hospitalidad es parte de nuestra vida en este lugar. El resto del día es para ellos, para orar por supuesto, pero también para hacer lecturas espirituales. Y si desean, uno de los monjes les puede ofrecer dirección espiritual...

»Como puedes ver, esta es la cocina, y este es Christian, nuestro maravilloso chef. Y aunque no lo creas, es de París. Tenemos un chef francés de verdad. *Bonsoir*, Christian, ¿qué hay para la cena? ¿En serio? Excelente. No te has olvidado de la dieta especial del padre James para su pequeño, mmm, procedimiento de mañana, ¿verdad? Gracias...

»Bien. Obviamente, aquí está el jardín del claustro, que puedes ver a través de esas ventanas. ¿No es precioso en esta época del año? Por supuesto, cada época del año es maravillosa aquí, hasta donde yo sé. Y esa puerta de ahí —no, la que está más allá—, conduce a la enfermería, donde permanecen los monjes enfermos. Es ahí donde el padre Edward se encuentra en estos momentos, pero rezamos para que no sea por mucho tiempo...

»Y al fondo de esta sala está la entrada a la iglesia, que obviamente, ya conoces. Ya sabes, siempre serás bienvenida a venir y a rezar cuando quieras. Aquí está la biblioteca. Su tamaño lo puedes deducir por todos los libros que hay. El que está en el escritorio es el padre Brian, nuestro bibliotecario, que trata de ordenar una caja de libros que nos donaron hace unos días. Al otro lado de esta puerta se encuentra el cementerio, en el que todos terminaremos algún día. Y aquí está mi oficina.

En su larga caminata solo se cruzaron con un puñado de monjes. Todos en silencio, aunque algunos hicieron un leve movimiento de cabeza cuando pasaron junto al abad. Y, por supuesto, no había ningún ruido procedente de radios, televisores o computadoras. Nada de nada. El silencio envolvió a Anne. Era como si pudiera tocarlo. Como si fuera una manta.

El abad la condujo a su oficina y la invitó a sentarse en una de las poltronas rojas, al lado de una mesita de centro. La oficina, cubierta con paneles de madera oscura, tenía un enorme escritorio de pino con una vieja silla giratoria de oficina, y dos estanterías altas también en pino, atestadas de libros. Varias fotos pequeñas y enmarcadas coronaban un archivador metálico de color gris claro.

En una pared había un crucifijo de buen tamaño; el suave cuerpo en marfil de Jesús resplandecía contra una rústica cruz de ébano. Una imagen grande de María, igual a la que había en la iglesia de la abadía, colgaba encima del escritorio, que estaba lleno de carpetas y papeles.

—Me gusta esa imagen —dijo Anne.

—¡Ajá! ¿Qué te gusta de ella?

Anne se acercó a la imagen y la contempló con mayor concentración.

—Su forma de mirarme... Quiero decir, la forma de mirar a los que estaban mirando. Es como si no tuviera miedo de confrontarlos y mostrarles a todos lo que estaba viviendo.

—¿Y qué crees que vivió?

Anne se dio cuenta de lo que quería el abad: que hablara de sus propias experiencias; le agradeció su preocupación y aceptó tácitamente su invitación a seguir hablando.

—Ella tuvo que sufrir mucho.

Aunque su respuesta era calculada, lo cierto es que se entristeció al decirla.

—Sí —dijo el abad—. ¡Sufrió muchísimo!

Hizo una pausa durante unos segundos mientras Anne seguía mirando la imagen.

—¡Oh, había olvidado el café! —dijo de repente—. ¿Cómo lo tomas?

—Sorpréndame.

Cuando el abad fue por el café, Anne se instaló cómodamente en una de las sillas y suspiró. Se quedó mirando por la ventana el sol que se ocultaba en el horizonte. Después de un minuto, se puso de pie, se acercó a los libreros, y comenzó a examinar su contenido. Eran mayormente tomos voluminosos sobre Jesús, la Trinidad, María, la historia de la iglesia, la vida monástica, y la oración. Sintió curiosidad y observó las hileras de fotos enmarcadas que había en el archivador.

La mayoría eran reproducciones de pinturas religiosas, inclu-
yendo una de Salvador Dalí en la que Jesús flotaba en el cielo, y
que le pareció espeluznante. Muchas eran fotos de una pareja de
ancianos que supuso que eran los padres de Paul: ambos eran altos
y usaban anteojos. El abad aparecía en tres fotografías: tomado
del brazo y riendo al lado de amigos con togas y birretes en una
graduación universitaria, tal vez la suya; vestido como sacerdote y
de rodillas ante un obispo que tenía las manos puestas en su coro-
nilla; y vertiendo agua sobre la cabeza de un bebé. En esta última,
el fotógrafo había captado el momento preciso del bautismo. Era
posible distinguir cada una de las gotas caer de la mano del abad y
posarse en la cabeza perfectamente redonda del bebé.

Su mirada volvió a posarse en la imagen de María que había en
la pared. La observó durante un largo rato y esta vez no le pareció
que decía «lo sé», sino, «quiero saber».

María parecía mirarla con los ojos de una amiga esperando a
que ella le hablara. Así como aquella vez que había ido a cenar
con Kerry en el centro de la ciudad el primer día que había vuelto a trabajar después de la muerte de Jeremiah. Le había dicho
que tenía que desahogarse un poco y Kerry la había llevado a su
restaurante tailandés favorito anunciándole que se trataba de una
invitación. «Pide lo que quieras» le había dicho.

Una hora más tarde, mientras miraba su tercer *gin and tonic*,
Anne le había dicho: «¿Sabes qué?». Había estado a punto de decirle que no podía concentrarse en el trabajo, que no estaba segura de
lo que hacía la mitad del tiempo y que lo único en lo que pensaba,
a cada momento de cada día, era en Jeremiah.

Kerry se había inclinado sobre la mesa, le había tomado la
mano apretándosela con fuerza.

—¿Qué? —dijo Kerry.

Al levantar la vista de su bebida, Anne había visto la cara amable de Kerry, dispuesta a escuchar cualquier cosa que ella hubiese querido decirle. Después del accidente, Kerry había estado dispuesta a escuchar sobre el dolor y la tristeza, dispuesta a oír hablar del dolor y la pérdida, de la ira y del miedo. Lista para oír cualquier cosa que Anne hubiese querido decirle. Lista. Esa era la mirada que ahora veía en el rostro de María.

16

Anne estaba de espaldas cuando el padre Paul entró a la oficina, por lo que se sorprendió al escuchar que alguien decía:

—A mí también me gusta esa imagen.

—¡Oh! —Anne se encontraba detrás del escritorio del abad y contemplaba la imagen—. No tenía la intención de apoderarme de su oficina. Me temo que me sorprendió husmeando un poco. Lo siento.

—Cuando entré al noviciado, extrañaba mucho a mi familia —comenzó a decir el abad.

Se acomodó en una de las sillas, le entregó a Anne una taza blanca y maciza rebosante de café cremoso, y ella se sentó frente a él.

—Mi padre había muerto unos años antes, y yo era muy cercano a mi madre. Así que le conté todo eso a mi director de novicios. ¿Y sabes lo que me dijo?

Anne se preparó para oír algo absurdo.

—Me dijo mi director de novicios que debería pedirle a María que rezara por mí y por mi madre.

Anne sonrió.

—Pensé que iba a decirme que le había dicho que María debería *ser* su madre.

¡Ah! —dijo el abad—. Me habría reído si hubiera dicho eso. Ahora que lo pienso, mi mamá también se habría reído.

Anne y el abad hablaron de sus madres, que, casualmente, habían ido a la misma escuela secundaria. Sus padres también se habían casado en la misma iglesia, aunque con una década de diferencia. La gente de Filadelfia tendía a no moverse mucho, así que este tipo de coincidencias rara vez no sorprendió a Anne aunque hizo que sintiera más afecto por el padre Paul. El padre era solo un poco mayor que ella, por lo que también conocían algunas personas en común, los mismos lugares, y les gustaban los mismos sitios en la orilla de Jersey, aunque ella se sintió decepcionada al saber que no era un seguidor muy entusiasta de los Phillys.

—Es difícil seguir los juegos sin un televisor o una radio en la habitación —le explicó.

Anne le preguntó qué lo había llevado a la abadía, y él le habló de su educación católica y le contó que había venido una vez durante un retiro en la escuela secundaria y había quedado «atónito» con el lugar. Durante sus años de universidad, y después, había acariciado la idea de entrar al monasterio. Pero el silencio no fue lo que lo mantuvo allí. Había algo más.

—Dios me mantiene aquí.

Anne tomó un sorbo de café.

—¡Guao! Mark tenía razón. Este café es extraordinario. ¿También lo hacen acá?

—No, aquí solo hacemos la mermelada. El hermano Robert compra el resto de lo que necesitamos en el supermercado.

Anne miró su taza mientras decidía si hacer o no la pregunta que la estaba acuciando.

—¿A qué se refiere cuando dice que Dios lo mantiene aquí?

—Bueno, ya sé que suena un poco místico, pero realmente se trata de algo muy práctico. Significa que soy feliz aquí.

—¿Eso es todo? ¿Ser feliz lo mantiene aquí?

—Eso... y otras cosas. Cuando tenía veinticinco años sentí una gran atracción por la vida monástica. Y así fue como Dios estuvo obrando en mi vida: a través de esa atracción. En esa época parecía no tener mucho sentido; quiero decir, nadie en mi familia era monje ni nada parecido. Y los únicos sacerdotes que conocíamos eran los que veíamos en las misas de los domingos. Pero por otro lado, esto era lo único que *tenía* sentido para mí. Simplemente no podía sacarme este lugar de la cabeza. Y cuando finalmente vine para el noviciado, creo que nunca había sido más feliz. Como si hubiese sido hecho a mi medida. El primer año fue encantador. Me gustó la vida comunitaria y la estabilidad, y ¡ah, esos cantos tan hermosos! Luego, después del noviciado, hice mis votos y le prometí a Dios que me quedaría aquí. Así que también podrías decir que lo que me mantiene aquí es que le dije a Dios que me quedaría. Pero Dios también ha sido muy fiel conmigo.

—¿Es decir?

—Es decir... que Dios me ha dado la gracia para quedarme, y también me ha dado muchas alegrías en los últimos veinticinco años. Más de las que yo esperaba. Y de una manera que no podría haber imaginado nunca. No es la vida perfecta. De ninguna manera. Es indudable que tenemos nuestros propios problemas. Y a diferencia de otros entornos, si no te llevas bien con alguien, no puedes irte, y la otra persona tampoco. Hacemos un voto de estabilidad, además de los otros. Así que no es perfecto. Pero yo diría... que para mí es perfecto. Y veo a Dios en todo eso.

Anne miró de nuevo su taza de café. Esta era la conversación religiosa más larga que había tenido en su vida, a excepción de las discusiones con sus padres cuando dejó de ir a la iglesia.

—Bueno —dijo—. La verdad es que, ahora mismo, no me siento muy entusiasmada con Dios.

El abad hizo una pausa.

—Creo que puedo entender eso.

Anne permaneció en silencio, algo inquieta por estar enfrascándose en una discusión de carácter religioso. Pero también sentía una curiosidad cada vez mayor. Era como si una parte de ella quisiera hablar sobre Dios. Era algo extraño pero emocionante, como si estuviera hablando de algo prohibido.

—¿Sabes? El padre Edward estaba muy apesadumbrado al enterarse de la muerte de tu hijo. No creo que esté contando un secreto si te digo que al día siguiente le ofreció la misa.

—¿En serio?

El padre Paul asintió y la miró fijamente.

—Es muy amable de su parte —señaló ella en voz baja—. Por favor dígale que se lo agradezco.

—Espero que muy pronto puedas decírselo tú misma.

Anne miró por la ventana la poca luz que quedaba en el cielo, que se había tornado violeta.

—¿Puedo preguntarle algo?

—¡Por supuesto!

—¿Cómo puede creer en un Dios que permite que sucedan estas cosas?

Su corazón se llenó de ira, y apretó los labios. Ahora que lo había dicho, que lo había expresado, volvió a sentir algo de la ira que experimentó después de la muerte de Jeremiah.

Le sorprendió que su rabia con Dios haya aflorado solo una vez después del accidente. Creyó que habría de estar más enojada con Dios. Por otro lado, eso significaba que tal vez había dejado de creer en Él. Se había alejado de la iglesia al comenzar la universidad aunque, tal como veía las cosas, quizás había sido la iglesia la que se había alejado de ella. ¿No hay mujeres sacerdotes? ¿Homilías aburridas? ¿No al control de la natalidad? No, gracias. Durante su último año en Haverford había dejado de ir a misa para consternación de su madre y, aún más, para decepción de su padre. La Navidad y la Semana Santa habían sido las excepciones. Ante la insistencia de ellos había ido a misa esas dos veces en el año, solo para mantener la paz en casa.

De vez en cuando, extrañaba esas cosas; o a lo menos una parte de ellas. Le habían gustado algunas de las canciones que cantaban en la escuela dominical porque le parecían reconfortantes. El rosario que su padre llevaba en el bolsillo y las estatuillas de los santos que su madre tenía en la habitación matrimonial habían sido talismanes de una época más segura de su vida. Sin embargo, solía preguntarse qué era lo que su padre veía en la iglesia, y por qué pasaba tanto tiempo con los monjes (la respuesta a esa segunda pregunta ya se estaba haciendo más clara). En su mayor parte, se sentía contenta de haberse librado de su fe, que consideraba, en términos generales, un vestigio de una manera infantil de ver el mundo. Un estorbo.

Pero el día después del funeral de Jeremiah, una vez que su exmarido se hubo ido y su casa quedado vacía por primera vez desde el accidente, se había encontrado llorando en el baño casi sin poder recobrar el aliento. Arrodillada en el piso frío de azulejos blancos, y encajada entre el fregadero y la bañera, se había oído gritar: «¡Te odio, Dios! ¡Te odio! ¿Por qué *haces* esto?». Había gritado esa pregunta una y otra vez, y solo había dejado de hacerlo al no haber recibido una respuesta. Se había puesto de pie, se había secado las lágrimas, sonado la nariz y mirándose en el espejo, había dicho: «Al diablo con todo».

Sin ningún tipo de apasionamientos, le contó esta historia al padre Paul quien la escuchó con atención. Miró los remolinos de leche en su taza, permaneció un largo rato en silencio y luego dijo:

—Está bien que odies a Dios en un momento como ese. Es natural. Y Dios lo puede soportar. Y si le estás gritando a Dios, eso significa que todavía tienes una relación con Él. Eso es importante.

Anne continuó observando por la ventana, pues no se sentía capaz de mirar al abad.

—Creo que todavía odio a Dios. Lo odio por arrebatarme a mi hijo. A veces me digo... a veces me digo...

Hizo una pausa.

—No le va a gustar esto que le voy a decir.

El padre Paul no dijo nada.

—A veces me digo... ¡Quisiera estar muerta!

El padre Paul asintió en silencio. Anne interpretó ese gesto como una invitación a que continuara.

—A veces pienso tanto en Jeremiah que no creo que pueda seguir viviendo. Es decir, que pueda sobrevivir a mi tristeza. No sé de qué otra manera describirlo, pero es como si no pudiera respirar. No puedo creer que sea posible que todo sea tan... triste. Y a veces me parece que nada tiene sentido. Supongo que las cosas están mejorando. Un poco. Es decir, que no son tan malas como al principio.

Hizo una pausa.

—Pienso en lo que debí haber hecho para que él no fuera al cine aquella noche. Pienso en el aspecto que tenía en el hospital. ¡Ay, *Dios*! Pienso en el día de su funeral. ¿Y sabe qué es en lo que más pienso?

El abad esperó.

—¡Pienso en lo que estaría *haciendo ahora*! —dijo, levantando la voz—. Pienso en eso cuando veo a sus amigos andar en bicicleta, reír y jugar béisbol. El otro día, unos chicos rompieron la ventana de Mark con una bola de béisbol; él se preocupó mucho, y ¿sabe en qué estaba pensando yo cuando me lo dijo? ¿Sabe en qué estaba *pensando*?

Anne trataba de encontrar las palabras en medio de su llanto.

—¿En qué?

—¡En lo mucho que quise que *Jeremiah* estuviera con ellos! ¡Lo que yo *daría* porque fuera capaz de hacer algo estúpido como eso! ¡Por jugar pelota! ¡Por romper ventanas! ¡En lugar de estar *muerto*! —terminó gritando.

La última palabra retumbó por los pasillos de la abadía. Al abad se le descompuso la cara, y sus ojos se llenaron de lágrimas.

—A veces me quiero morir —confesó ella—. Me quiero morir para poder terminar con todo esto, y tal vez, tal vez... estar de nuevo con él. Pero ni siquiera de eso estoy segura.

El padre Paul dejó que las palabras de Anne invadieran la oficina.

—¡Cuánto lo querías! —dijo, como único comentario.

—Sí.

El silencio descendió sobre ellos.

—Más de lo que puedo decir.

—Y estoy seguro de que él te amaba.

—Sí.

—Lo siento mucho, Anne. Siento mucho lo de Jeremiah.

Anne se secó los ojos enrojecidos con el dorso de la mano izquierda. El padre Paul le acercó una caja de pañuelos rosados que había en la mesa de centro. Ella sacó uno.

—Gracias.

La campana de la abadía comenzó a tañer, señalando la hora.

—¡Qué lindo! —dijo Anne, enjugándose las lágrimas—. Debe ser agradable vivir aquí.

—Sí, lo es.

El abad esperó un momento y, finalmente, dijo:

—¿Cómo piensas que Dios te ve en este momento?

Anne lo miró confundida.

—¿Cómo voy a saberlo? Es decir... No lo sé.

El padre Paul hizo una breve pausa y sus ojos se posaron en la gastada alfombra oriental. Luego alzó la vista y la fijó en la imagen de María.

—Bueno —dijo—. En ese caso, ¿cómo crees que María te mira en este momento?

Anne contuvo la respiración y observó la imagen.

—Creo que siente pena por mí —dijo, con el ceño fruncido y sus lágrimas brotando de nuevo.

Sacó otro pañuelo de la caja. Sentía la mirada del abad. El abad puso los codos sobre los brazos de la silla, juntó las manos y cerró los ojos.

—Eso te toca profundamente, ¿verdad?

—Sí —respondió ella en voz baja y miró el cielo.

Los últimos vestigios del día habían desaparecido, y su tono era violeta oscuro. Solo eran visibles unas pocas nubes de color lavanda. Esta hora del día siempre la hacía sentirse tranquila, como si hubiera terminado todo el trabajo duro.

—Es agradable pensar en eso —exclamó—. Cuando lo dijo, me hizo sentir, no sé, menos sola. Creo que María podría entenderme... y sentir pena por mí. Su hijo también murió. Precisamente estaba pensando en eso el otro día. Ella podría entenderme. Especialmente si era así.

Señaló la imagen en la pared de la oficina.

—Ella era así. Y es así. Cerca de Jesús hasta el final.

—¿Qué dijo?

—Cerca de Jesús hasta el final —repitió—. Es de una oración sobre María que me gusta. De hecho, creo que está en el respaldo de la tarjeta que te di el otro día.

Anne abrió la boca para hablar, pero se quedó callada.

—¿Puedo preguntarte algo? —dijo el abad.

Anne asintió.

—Si crees que María siente pena por ti, ¿crees que su hijo también pudiera sentirla?

Anne nunca había pensado en ellos de ese modo; como dos seres humanos que podían sentir pena por alguien.

—Y si su hijo lo hace, ¿no crees que Dios también podría hacerlo?

Anne miró su café.

—No lo sé. ¿Qué cree usted?

—Dios es misericordia. Y creo que Dios te mira con el amor más grande que pueda existir. ¿Y qué ve Dios en este instante? A una madre amorosa que extraña a su hijo más de lo que puede decir. Y más de lo que yo puedo saber. Dios es todo misericordia, y Él te ama, Anne. Dios entiende tu ira y tu dolor y, en cierto modo, Dios te ama aún *más* por todo eso. Dios nos ama más cuando estamos sufriendo, así como... *tú* amabas a Jeremiah cuando él estaba sufriendo o teniendo dificultades.

Anne sollozó.

—Ay, Dios, lo *extraño*... ¡tanto!

—Puedo verlo. Y Dios también.

Se secó las lágrimas y miró directamente al abad.

—Entonces ¿qué hago con todo esto?

—Puedes seguir siendo honesta con Dios acerca de todo esto. ¿Por qué no le dices cómo te sientes?

—¿Se refiere a rezar? No lo hago realmente.

—Creo que lo haces. ¿Sabes? Esa oración que le dijiste a Dios es muy buena.

Anne se rio entre lágrimas.

—¿Se refiere a cuando le dije: «Te odio»? Mi padre se habría horrorizado al oírme decir eso.

—Pero fue algo honesto. Obviamente, no podemos decir eso todo el tiempo. No más de lo que podríamos decírselo a un amigo todo el tiempo. Pero expresó lo que sentías en ese momento. Y Dios quiere tu honestidad. Tal como cualquier buen amigo lo querría.

Anne miró la imagen de María.

—Mucha gente cree que no puede estar enojada con Dios —añadió el abad, moviéndose en su silla—. Pero la ira es una parte natural de la vida. Significa que somos humanos. Jesús supo lo que era enojarse. ¿Recuerdas? Él se enojó con algunas personas de su época. Los llamó «generación incrédula y perversa». Se enojó con los mercaderes en el Templo...

—Pero él era Dios —dijo Anne.

—También era un ser humano, así que se enojó. Tal como puedes hacerlo tú. Puedes decirle a Dios cómo te sientes. Dios ha estado manejando la ira de las personas por mucho tiempo. ¿Conoces el salmo 13?

Anne esbozó una leve sonrisa.

—No.

—«¿Hasta cuándo, Señor?»

—¿Perdón?

—«¿Hasta cuándo, Señor?». Así comienza el salmo 13. Es el grito de alguien que se siente abandonado por Dios.

Se levantó, dio un paso hacia su escritorio, cogió una Biblia bastante desgastada, la hojeó, y comenzó a leer.

¿Hasta cuándo, SEÑOR? ¿Me olvidarás para siempre?
¿Hasta cuándo esconderás tu rostro de mí?
¿Hasta cuándo pondré consejos en mi alma,
con ansiedad en mi corazón cada día?
¿Hasta cuándo será enaltecido mi enemigo sobre mí?[5]

—¿Es eso un salmo?

—Ajá. Hay todo un grupo de salmos llamados los «salmos de lamentación», que hablan básicamente de personas que están tristes, enojadas o decepcionadas con Dios. Que piden ayuda. La siguiente frase es realmente poderosa. La cantamos varias veces al año. Algunas traducciones dicen: «Considérame y respóndeme, Dios». Pero otra dice, «¡Mírame! ¡Contéstame!».

Anne no supo qué decir, por lo que permaneció callada. Sintió una conexión extraña con la persona que escribió ese salmo.

—Respóndeme —dijo ella finalmente—. Así es como me siento.

—¿Por qué no tratas de decirle a Dios cómo te sientes?

—¿Y cómo puedo hacerlo?

5. Tomado de La Biblia Paralela.

—Bueno, podrías imaginarte hablando simplemente con Él. A veces las personas se imaginan a sí mismas en presencia de Dios de un modo general. O a veces se imaginan que Dios está sentado en una silla al lado de ellos.

—¿En serio?

—Bueno. Tal vez puedas escribirle una carta. O escribir tu propio salmo de lamentación.

—¿Acaso Dios no sabe ya lo que pienso?

—¿Y acaso un buen amigo tuyo no sabe ya lo que piensas? ¿Acaso tus amigos no sabían cómo te sentías en el funeral de Jeremiah? ¿Y acaso no compartiste tus sentimientos con ellos? Eso es parte de estar en una relación con alguien.

Anne pensó en la capacidad que tenía Kerry para escuchar.

La campana de la abadía volvió a tañer.

—Es hora de Completas. ¿No te gustaría unirte a nosotros?

—No, no.

Se levantó de la silla y miró el cielo, donde un cacho de luna sobresalía por encima del campanario.

—Gracias por su tiempo. ¿Le dirá al padre Edward que me gustaría verlo?

—Lo prometo.

El padre Paul abrió una puerta del armario y sacó algo.

—Toma —le dijo entregándole una caja de mermeladas—. Si sientes hambre al escribir esa carta, puedes comer un poco de estas confituras de arándanos.

17

El padre Paul se alegró de haberse encontrado con Anne. Aunque disfrutaba la vida en la abadía, también valoraba las oportunidades para hacer trabajo pastoral. Obviamente, como le había recordado el padre David —uno de los antiguos abades—, cualquier tiempo que un abad pase con sus hermanos monjes, visitando a los religiosos enfermos y ancianos en la enfermería, animando a los jóvenes novicios en tiempos de confusión, asesorando a los monjes en la fábrica de mermelada en las decisiones administrativas; de hecho, cualquier momento que pase con un hermano en la abadía, era trabajo pastoral.

—Ya sabes a qué refiero —dijo el padre Paul—. Es bueno hablar con gente de afuera.

—De acuerdo —dijo el padre David alegremente—. Además, hablar con laicos nos recuerda que los monjes no somos los únicos en tener problemas.

Pero era más que eso. Al padre Paul le gustaba ayudar a la gente que no tenía muchas oportunidades de ver a Dios en sus vidas. La vida monástica hacía que fuera más fácil encontrar a Dios. Y no es que él creyera que los monjes fueran más santos que los demás. En realidad, sentía que a veces era al revés.

Todo el día de un monje giraba en torno a alabar a Dios. «La vida monástica hace que sea difícil olvidarse de Dios», le había dicho su director de novicios. En cambio, la gente de afuera enfrentaba presiones que a veces les dificultaba más acordarse de Él. Por un lado, estaban las limitaciones de tiempo. Era por eso que él creía que las madres, los padres, los médicos, los abogados, los profesores y los trabajadores de limpieza —al menos muchos de ellos—, eran más santos que los monjes. Tenían que hacer espacio para Dios en un mundo que con frecuencia lo relegaba a segundos planos.

Esa era otra de las razones por las que le gustaba hablar con los visitantes. Podía ver esa santidad en ellos. Y constantemente le sorprendía ver, sin importar cuántas veces lo hiciera, la manera tan personal y tan íntima como Dios obraba en las personas. Podía ver cómo Dios adaptaba su acercamiento a la medida de cada individuo. Dios podía obrar mediante una relación estrecha con una persona, a través de un libro con otra, por medio de la oración con alguien más, y a través de la música, la naturaleza, la danza, los niños, los compañeros de trabajo, o el arte con otras.

Paul sabía que esto era una gracia: veía a Dios en casi todas las personas que conocía. Así como lo hizo con Anne, que parecía estar siendo atraída por Dios aunque no fuera consciente de ello todavía. Incluso en su dolor, ella parecía abierta a lo que Paul tenía que decir.

Mark era otra persona a quien sentía que había podido ayudar, así hubiera sido en una pequeña medida. Cuando Mark había empezado a trabajar en la abadía, parecía frustrado y perdido. A veces se le veía taciturno, reservado, e incluso, en ciertas ocasiones, abatido. El padre Paul se había preguntado si el hecho de haber perdido su trabajo en la compañía arquitectónica en Boston le habría producido algún tipo de depresión.

Con el paso del tiempo, Mark había comenzado a abrirse al abad, sobre todo mientras se dirigían a hacer algo. Un hombre activo, a veces nervioso, rara vez se detenía el tiempo suficiente para propiciar el tipo de conversación profunda que el abad acostumbraba tener con los monjes. Mark le compartía un poco de su vida mientras iban a examinar un árbol podrido que era necesario talar, o se dirigían a revisar una llave que goteaba en el dormitorio, o mientras le ayudaba a organizar una gran celebración en el refectorio.

Las preguntas de Mark giraban por lo general en torno a dos temas: el trabajo y las relaciones. La mala suerte en su vida profesional —perder su trabajo le había minado su confianza en sí mismo—, parecía ser su preocupación más importante. Pero para el padre Paul, la cuestión más profunda era la relacionada con su soledad. Mark salía con una gran cantidad de mujeres y, aunque solo se refería ocasionalmente a esto, se acostaba con muchas. A veces se emborrachaba y terminaba en la cama con cualquier mujer que hubiera conocido esa noche. El abad rezaba para poder ayudarlo a que comprendiera que cualquier trabajo que hiciera, ya fuera como arquitecto, carpintero, o como encargado de mantenimiento, era valioso a los ojos de Dios. Y que la vida consistía más en el amor y en la intimidad que en las conquistas sexuales fortuitas, por muy maravilloso que fuera el sexo.

—¿Qué sabe usted sobre el sexo? —le preguntó Mark una tarde.

—Recuerda que no siempre fui monje —dijo el padre Paul.

—¿Así, eh?

El abad se rio, confesando que, aunque no había sido un mujeriego, había salido con dos mujeres y se había enamorado de ellas antes de entrar al monasterio.

—Y todavía tengo los instintos normales de cualquier ser humano.

El padre Paul pensaba que era saludable hablar de sus vidas; el uno como alguien que buscaba una esposa, el otro como alguien que había hecho votos de castidad, pero que quería, sin embargo, amar y ser amado. Rezaba para que Mark tuviera más respeto por sí mismo, por lo que hacía, y por lo que era. A veces creía que sus aventuras sexuales ocultaban la sensación de no sentirse digno de una relación a largo plazo. Mark le había dicho unas pocas semanas atrás: «Me preocupa que mi valor dependa de que una mujer salga conmigo o no». Ante todo, el padre Paul esperaba poder ayudar a que Mark viera que Dios lo amaba.

Mark también tenía una visión extrañamente optimista de la vida monástica. A la mañana siguiente de haber tenido una acalorada discusión con una de sus amigas, Mark dijo:

—Tal vez debería mudarme aquí y no preocuparme más por lidiar con los seres humanos.

—¿Y quiénes crees que viven aquí? —dijo el padre Paul.

Con frecuencia tenía que recordarle a la gente del exterior que el monasterio no era ningún paraíso.

Describir la vida en F&S era para él como describir un buen matrimonio: no era fácil. La vida en F&S no era perfecta; sin embargo, desde el primer día le habían gustado muchas cosas.

También podía ser un lugar solitario. Incluso después de pasar varios años en el monasterio, el padre Paul se sorprendía a menudo meditando cómo sería estar casado con una de las dos mujeres con las que había salido en la universidad. El hecho de que una de ellas se acabara de divorciar parecía hacer que estuviera «disponible», aunque se preguntaba si ella habría pensado en él. A pesar de que disfrutaba la comunidad, también extrañaba la intimidad implícita en lo que los monjes llamaban una «relación exclusiva». Extrañaba mucho el sexo y todos los días pensaba en eso. Su vida anterior le había enseñado sobre las alegrías de esa parte de la vida.

Pero extrañaba aún más tener una persona en la que pudiera confiar, con la que pudiera contar, y que esta hiciera lo propio con él. Su director de novicios le había dicho que el mayor desafío de la vida religiosa consistía en saber que nunca sería la persona más importante en la vida de nadie. Sabía eso y lo aceptaba, aunque no le gustaba. A veces, cuando escuchaba a uno de los monjes quejarse de la comida por segunda vez en dos días, pensaba, *¿Por esto renuncié a tener una esposa?*

Se reprochaba por tener esos sentimientos, y luego se reprochaba por reprocharse. En esos momentos recurría a una frase del poeta jesuita Gerard Manley Hopkins, la cual les decía a los novicios: «Mi propio corazón me ha hecho tenerme más lástima».[6]

Así que aunque sentía que podía ayudar a Anne, le preocupaba un poco el hecho de que le pareciera atractiva. Durante su primera visita se sorprendió mirándola fijamente a sus ojos azules y disfrutando demasiado su conversación.

El abad de la Abadía de los Santos Felipe y Santiago miró el reloj que sus padres le habían regalado para su ordenación, y vio que el servicio de Vísperas estaba a punto de comenzar. La campana sonó, y él sonrió. Realmente disfrutaba la estabilidad reconfortante de la vida monástica. Decidió elevar una oración especial por Anne: que Dios la consolara en su dolor, y que él pudiera ayudarla tanto como fuera posible.

6. John Eldredge, *Salvaje de corazón* (Nashville, TN: Editorial Caribe, 2003).

18

«Estimado Dios», escribió.

Era su quinta tentativa. Varias hojas arrugadas en la papelera daban fe de esto. Se levantó de la mesa de la cocina y se dirigió a la ventana. Podía ver las casas de algunos vecinos donde estarían terminando de cenar, lavando platos o viendo televisión en sus cuartos. Ahora, su casa estaba muy tranquila. No atinaba a entender cómo un niño podía hacer tanto ruido. A Jeremiah le había dicho con frecuencia que no diera portazos, que no hablara en voz tan alta por teléfono, o que no gritara mientras jugaba juegos de video con sus amigos en casa. Ahora extrañaba todo ese alboroto. Aunque le gustaba la tranquilidad del monasterio, la de su casa era diferente. La primera era una presencia, y la segunda una ausencia.

Miró la imagen de María y Jesús que tenía en la puerta del refrigerador.

Ya no sé si creo en ti, pero de todos modos quiero decirte algo. No entiendo por qué me arrebataste a Jeremiah. Por qué te lo llevaste de este mundo. Por qué hiciste que muriera así. Por qué murió él y sus amigos vivieron. Yo no quería que ellos murieran. Pero quería que mi hijo viviera. Nunca entenderé eso. Nunca. Era un niño tan hermoso. De pequeño, tenía la risa tan dulce. Ha sido el sonido más hermoso que he oído. Su padre solía decir que deberíamos embotellar su risa y dársela en grandes dosis a las personas que estuvieran tristes, porque eso las curaría. Jeremiah se reía de todo. Yo no podía creer lo mucho que lo amaba cuando nació. No podía creerlo. Era como si tuviera una reserva secreta de amor que hubiera guardado todos esos años solo para él, y que afloró en su totalidad el día de su nacimiento.

De pequeño era sumamente curioso. Exploraba desde el momento en que aprendió a gatear. Hurgaba en las alacenas y trataba de abrir todos los armarios con sus manitas regordetas, porque tenía que ver lo que había adentro. Una vez, y sin querer, olvidé cerrar la puerta que conducía al clóset del pasillo, y él trepó lo suficientemente alto como para agarrarse de un entrepaño y tirar un edredón sobre él, y simplemente se rio. Y no sintió miedo en absoluto. Otros niños habrían llorado. Pero a él le encantó. Le fascinaba ver el mundo. Cuando la gente lo veía arrastrándose por todas partes, decían, «¡Ten cuidado cuando empiece a caminar!» Su padre le dio una pequeña camiseta que decía, «¡Aquí viene un problema!»

Pero él no hacía problema en absoluto. Era un niño muy dulce. Le encantaba observar a las hormigas entrar a sus pequeños agujeros en el pavimento, a los pájaros trepados en el comedero, y podía pasar horas buscando insectos bajo las rocas del jardín. También le gustaban los libros; todos mis libros ilustrados y atlas de los lugares que Eddie y yo habíamos visitado. «¿Dónde queda esto? ¿Dónde queda esto? ¿Dónde queda esto?» preguntaba. Una vez me dijo que la forma en que él miraba los mapas era la forma en que Dios nos

miraba a nosotros. No puedo creer que acabe de recordar eso. Cuando
tenía tres años, le compré un pequeño globo terráqueo de plástico,
y jugó con él así como otros niños juegan con bolas de béisbol. Por
varios meses lo llevó a todas partes.

Después de que su padre nos dejó, me preocupó que no tuviera
un hombre a su alrededor, y que yo no pudiera lidiar con la crianza
de un niño, pero lo hice, y más tarde me preocupó que Jeremiah
fuera demasiado tímido para hacer amigos. Pero no tuvo proble-
mas. Algunos niños se burlaban de él en el kínder por su pequeño
tartamudeo, algo que desapareció prácticamente en el segundo gra-
do, y él se pudo adaptar. Todos los profesores lo adoraban porque
era muy dulce.

Dios, siempre me preocupó que mi hijo se convirtiera en alguien
a quien yo no pudiera manejar, sobre todo a medida que crecía. Que
me diera una sorpresa y se convirtiera en otra persona. Que lo per-
diera. Yo conocía a varios adolescentes hoscos. Pero él era bueno. Era
más que bueno. Toda su vida lo fue. Era un chico encantador. Yo lo
quería mucho. No era perfecto. ¿Quién lo es? No lo soy. Su padre
sin duda tampoco. Pero Jeremiah era un niño hermoso. Hermoso.
Hermoso. Hermoso.

Luego, cuando empezó a andar con Brad y con los niños del
barrio, realmente floreció. Le encantaba jugar con ellos, y me fasci-
naba ver cómo se ensuciaba y se reía; incluso cuando se lastimaba,
pensaba que no había problema porque estaba con ellos. No parecían
sentir miedo de nada y él

Se le oprimió el pecho y sintió la tentación de dejar de escribir.

Pero tachó «y él», puso un punto después de «nada», y continuó.

Tal vez deberían haberlo sentido. La noche del accidente me rogó que lo llevara a ver esa película. Me rogó y me rogó. «¿No puedes llevarnos por favor?» Los padres de sus amigos estaban ocupados. Pero yo no quería que viera esa película. Era demasiado violenta, y ya estaba demasiado tarde. Necesito recordar eso. El terapeuta me lo dijo. Yo lo estaba protegiendo. Lo estaba protegiendo porque lo amaba. Necesito recordar que no quería llevarlo y que le dije que se quedara en casa porque lo amaba.

Dios, cuando la policía tocó mi puerta, supe de qué se trataba. Simplemente lo supe. Ese golpe sonó aterrador. Nadie más sabe eso. Lo supe cuando oí el golpe. Fue muy fuerte. No podía respirar cuando abrí la puerta. Vi los uniformes azules, oí sus voces, y entonces grité. A veces veo ese horrible color azul en mis pesadillas. Siento como si hubiera estado gritando desde entonces.

Dios, ¿por qué hiciste esto? ¿Cómo pudiste hacerle esto a mi hermoso muchacho que amaba tu mundo y a quien yo amaba tanto? Lo extraño mucho y haría cualquier cosa para verlo siquiera una vez más. Solo para poder decirle adiós y abrazarlo y besarlo y hacerle saber lo mucho que lo quiero. No sé si hay un cielo, pero quiero volver a verlo, y no puedo creer que no lo veré otra vez, así que supongo que ahora creo en el cielo.

Puso a un lado el bolígrafo. Se sorprendió al releer la carta. No parecía tan enojada como había creído. Tenía más tristeza que enojo. Y hablaba más de Jeremiah que de Dios; de contarle a Dios sobre Jeremiah. Se preguntó si esto era lo que el padre Paul tenía en mente. Tal vez no fuera la forma de escribirle una carta a Dios. Recogió la hoja y buscó un sobre en la despensa abarrotada de cuentas que había en el comedor. Encontró uno en la parte inferior del cajón. Dobló la carta con cuidado y la guardó en el sobre.

La sacó de nuevo porque había olvidado algo. En la parte inferior de la página, escribió:

Anne

¿Y ahora qué?

19

Si hubo algo que le ayudó a mantener la cordura después del accidente de su hijo, fue la jardinería. Su lista completa de medidas para preservar la cordura incluía lo siguiente: cenar con Kerry, quien siempre la hacía reír; clases de yoga en Bryn Mawr, las cuales propocionó una medida de calma a sus fines de semana; hablar por teléfono con su compañera de cuarto de Haverford; ir a trabajar todos los días, aunque no siempre estuviera loca por su trabajo; y los largos paseos por el río Wissahickon, especialmente en primavera y verano.

Pero podía dedicarse a la jardinería sin tener que salir de casa, o al menos del patio, lo cual era una ventaja cuando no sentía deseos de ver a nadie o de ir a ningún lugar. Podía trabajar en el jardín incluso cuando se sentía de mal humor. Además, le gustaba ponerse el sombrero de paja que usaba su madre cuando hacía trabajos de jardinería, y los viejos guantes de lona de su padre que olían a muchos años de trabajo y adherían sus manos a la tierra húmeda, mientras sentía que estaba haciendo algo.

Hoy estaba sembrando zinnias, caléndulas, pensamientos y bocas de dragón que había comprado a precio de descuento en el supermercado. Los colores naranja, amarillo, rosado y púrpura se veían tan sublimes en los estantes metálicos afuera del mercado que agarró todas las bandejas de plástico verde que pudo y las acomodó sobre los víveres en su carrito de compras.

El cobertizo de las macetas era una de las pocas cosas que dejó su marido y que ella utilizaba sin sentir resentimiento hacia él. Eddie había sido su novio desde la escuela secundaria, y aunque su pereza le preocupaba incluso en esa época, su falta casi total de motivación después de graduarse de la universidad la desconcertó. Ganaba bastante bien en la agencia de seguros, pero no parecía interesado en tratar siquiera de ascender en su empresa.

Sin embargo, lo que le molestaba más que cualquiera otra cosa era la manera displicente de cuidar a Jeremiah. Nunca supo si se trataba de incapacidad o de falta de voluntad. Eddie fue muy entusiasta durante el embarazo, leía libros y consultaba en Internet para aprender sobre el cuidado infantil, y la ayudaba tanto como lo haría cualquier futuro padre. Se había puesto radiante cuando nació Jeremiah, y pasaba horas mirándolo en su cuna, comprándole pequeñas camisetas y baberos de los Eagles y los Phillys, enviándole fotos a su familia, e incluso llevando un día a Jeremiah al trabajo para presumir con sus amigos.

Pero después de un año, cuando se hizo evidente que la paternidad no consistía en presumir del bebé; es decir, cuando se trataba de cambiar pañales, de madrugar para alimentarlo, y de llevarlo al pediatra cuando le daba una de sus frecuentes infecciones en el oído era bastante inútil.

—Estoy cansado. Ya no puedo más con esto —le había dicho en una ocasión en que Jeremiah lloraba tarde en la noche.

—¿Y crees que yo no estoy cansada? —le había gritado ella mientras el bebé chillaba.

Eddie amaba a Jeremiah, pero simplemente no quería ocuparse de él.

Así que ella no se había sorprendido tanto como sus amigos cuando él dijo que quería «pasar un tiempo aparte». Kerry le había dicho que si hubiese sido su marido, lo habría castrado. «En caso de que tuviera pelotas», había añadido.

En esa época estaba tan ocupada cuidando a Jeremiah, trabajando en la firma de contabilidad, y yendo y viniendo de la guardería, que no tenía energías para pensar en otra cosa que no fuera su hijo. «Estoy demasiado cansada para estar enojada», le había dicho a Kerry. Si acaso, estaba decepcionada. Triste. Pero no enojada. Por lo menos no todavía. La persona que creía haber conocido mejor demostró ser alguien a quien, al final, no parecía conocer nada bien.

Así que cuando él le pidió el divorcio, ella se lo dio. Así no más. La pensión alimenticia no era gran cosa; el poco consolidado historial laboral-financiero de Eddie hacía que esto fuera fácil de suponer, pero servía de algo, sobre todo cuando Jeremiah estaba pequeño. Anne se había enojado con Eddie solo años más tarde, al caer en la cuenta de la magnitud de su descomunal irresponsabilidad.

Oyó el crujido de las raíces al sacar las caléndulas de los tubos de plástico. Se arrodilló en el borde del jardín trasero, apartó un poco de tierra tibia con su mano enguantada, hizo un agujero ordenado, lo llenó con un puñado de fertilizante, echó un poco de agua, colocó un puñado de caléndulas amarillas y naranjas en el agujero, lo llenó de tierra, y le dio unas palmaditas para asentarla. Eso era lo que más le gustaba de trabajar en el jardín:

apisonar la tierra con suavidad. Siempre le había preguntado a su madre, que era la jardinera de la familia, si podía hacer eso durante las siembras anuales. Le parecía como si estuviera protegiendo las flores.

Regó la base de las plantas y roció los pétalos, pues sabía que no era recomendable echarles mucha agua en el día. Su madre le había dicho muchas veces que el exceso de agua podía quemar los pétalos y las hojas si el sol era fuerte. «Quieres regarlas, pero no hornearlas», le había dicho. Recordó haber sentido la mano de su madre sujetando la suya, ayudándole a sostener la misma regadera metálica y abollada que utilizaba ahora. ¿Qué edad tendría por ese entonces? ¿Ocho, nueve años?

Un pequeño gusano, que había salido a la superficie mientras estaba sembrando, se retorcía indefenso, confundido y cegado sobre un montículo de tierra. Sintió tristeza por el animalito, que se enroscaba y daba vueltas. Lo tomó con suavidad. Se preguntó si sería mejor enterrarlo, o dejar que solo encontrara su camino de nuevo a la tierra, y decidió esto último. Un petirrojo invisible cantaba desde la rama de un pino en el patio de sus vecinos.

Por puro placer se quitó los guantes de su padre y hundió las manos, casi hasta las muñecas, tan profundo como pudo en la tierra suelta y oscura para sentir su tibieza.

A continuación, sembró las zinnias y los pensamientos, dejando las bocas de dragón, sus favoritas, para el final. Cuando iba a la escuela primaria en bicicleta, solía detenerse frente a un prado en las afueras de la escuela y ver las bocas de dragones silvestres colgar en el viento, con su color amarillo brillante y los botones polvorientos de lavanda meciéndose en el sol. Recordó eso ahora. Se preguntó de repente si Jeremiah habría heredado de ella su amor por la naturaleza. ¿Por qué no había pensado en esto antes?

Aún de rodillas, levantó la cabeza a la altura de las flores más altas. Las zinnias naranjas y rojas que había sembrado la semana anterior ya habían echado raíces, y estaban casi tan altas como las nuevas bocas de dragón rosadas. Y debajo de estas, las caléndulas amarillas y naranjas ocupaban casi cada pulgada del jardín. De repente, tuvo una apreciación poco familiar de la belleza. El color vívido de las flores bajo el sol brillante de mayo era como una escena de postal. Podía oír el débil zumbido de una cortadora de césped que el viento dispersaba, pero, aparte de eso, todo era silencio.

Luego, tuvo una sensación extraña, casi como si Dios estuviera palmeando la tierra alrededor de su vida. Se sintió reconfortada. Calmada.

Miró hacia arriba, como esperando que alguien dijera algo. Pero solo estaba el viento.

Fue algo extraño. Sintió deseos de preguntarle al padre Paul por esas sensaciones mientras regaba las flores recién sembradas. Entonces puso los ojos en blanco. *Si me hubieras dicho hace unos meses que yo estaría pensando en un monasterio mientras sembraba flores...*

—¡Oye! —dijo una voz masculina detrás de ella.

Aún de rodillas, Anne se dio vuelta y vio las piernas bronceadas y sudorosas de Mark. Llevaba pantalones cortos de nylon, zapatillas deportivas desgastadas, una camiseta desteñida de los Medias Rojas, y parecía haber terminado de correr. Kerry le había dicho una vez que Mark le parecía atractivo, y Anne coincidió con ella ahora. Pudo haberlo acechado unos años atrás, pero su diferencia de edad la había disuadido. Kerry no había estado de acuerdo. «Inténtalo» le había insinuado.

—¿Necesitas ayuda?

—No, gracias. Pero me agrada que me lo preguntes. Creo que ya he terminado.

Se levantó, se quitó la tierra de las manos y se sacudió la que tenía en sus pantalones cortos.

—El jardín se ve bien. Oye, ¿cómo está tu auto?

—Es una carcacha, pero funciona.

—Menos mal.

Por la forma en que él la miraba —esa rápida evaluación visual de su cara, sus piernas y de todo lo demás, en lo que algunos hombres son tan expertos en hacer sin ser obvios o groseros—, notó que a Mark le gustaba todo lo que veía de ella esa mañana.

—Por cierto. El otro día volví a tu monasterio.

—¿En serio? ¿A qué?

—¿Te acuerdas del padre Edward, el monje que conocía mi papá? Pues bien, quería visitarlo de nuevo. Pensé que le podría gustar mi compañía.

—Eso fue muy amable de tu parte. ¿Tuviste una buena charla con él? Es un hombre muy divertido, ¿verdad?

—No, estaba enfermo, así que no pude verlo.

—Oh, sí, es cierto. El padre Paul me dijo que no se sentía bien.

—Pero hablé con el padre Paul.

Mark pareció sorprenderse, así es que Anne se apresuró a agregar:

—¿*Podrías* ayudarme con esta bolsa de fertilizante? Me resentí de un músculo en la clase de yoga, y realmente me cuesta levantarla.

—¿No se supone que el yoga tendría que darte flexibilidad?

—Sí, pero a veces te excedes.

Mark alzó la bolsa pesada con una mano. *Presume*, pensó Anne y se dio vuelta para guiarlo hasta el cobertizo. Él era muy agradable, y no dejó de sentir su interés pero estaba muy joven para ella. Y, además, ya había tenido suficiente de eso.

De alguna manera, él llegó primero al cobertizo. Anne pasó la mano por detrás de la camiseta sudada de Mark y abrió la puerta.

—Déjala en la repisa.

—Oye, mmm —se atrevió Mark a decirle una vez que hubo salido del cobertizo—, ¿Qué te parece si vamos un día de estos a tomarnos una copa?

Independientemente o no de que él fuera muy joven, de todos modos se sentía bien recibir cumplidos.

—La verdad es que no salgo con inquilinos.

A Mark el rostro se le desencajó por un instante pero, recuperándose, fingió una sonrisa.

—Bueno, no me refería a una cita, sino más bien a...

—Lo sé Mark. Solo estaba bromeando.

Anne se volvió para dirigirse de nuevo al jardín y así ahorrarle la humillación de ser testigo de su decepción.

—Tal vez en algún momento podríamos tomar una copa, pero estoy bastante ocupada por estos días. Gracias de todos modos.

—Está bien. ¿Necesitas más ayuda?

—No, gracias. Me ayudaste mucho.

Mark enarcó las cejas, sonrió y alzó la mano en señal de despedida. Luego atravesó rápidamente el jardín hasta llegar a la acera, donde siguió trotando hacia su casa.

Bueno, eso estuvo raro. Anne pensó en cuánto extrañaba el sexo, en cómo solía disfrutarlo con Eddie en las madrugadas durante los primeros meses de su matrimonio. Se limpió el sudor de la frente y recogió las herramientas de jardinería.

Pero esas flores. Y esa extraña sensación de bienestar. Tal vez no estaría por demás hablar de nuevo con el padre Paul.

20

Unas horas después, llamó a la casa de huéspedes, habló con Maddy, y concertó una cita para ver al padre Paul. Maddy le dijo que el padre Edward se sentía mejor, pero que aún no podía recibir visitas. «Órdenes del abad».

El lunes llevó a la oficina un frasco de mermelada y lo depositó sobre el escritorio de Kerry.

—«¡Mmm! Gracias. La mermelada de arándanos es mi favorita. Mi madre solía hacernos sándwiches de mantequilla de maní y mermelada de arándanos; los empacaba en nuestras bolsas del almuerzo para llevar a la escuela. Incluso llevábamos los frascos cuando íbamos de picnic. Esos monjes hacen una mermelada de locos. ¿Cómo te fue allá? ¿Te convirtieron?

Anne se rio.

—Bueno, soy católica, por lo que no habría servido de mucho.

Más tarde, mientras almorzaban en el pequeño comedor de los empleados —una oficina sin usar con cuatro mesas, un mini refrigerador, y una máquina de café poco fiable—, Anne le contó sobre el tiempo que pasó con el padre Paul y lo amable que había sido con ella. *No* podía dejar de decírselo, aunque también le preocupaba la reacción de desacuerdo que había tenido cuando le contó cómo se había comportado con Mark en el cobertizo.

—Es sexy —le había dicho.

—¡Deberías haber aceptado al menos ir a tomar una copa!

Le dijo que su intención había sido ir a visitar al padre Edward pero había terminado hablando con el abad. No le dijo nada de la carta que este le pidió que escribiera.

—¿El abad? —repuso Kerry—. ¿Es así como se llama el líder? Supongo que tiene sentido. Es una abadía, ¿verdad? ¿Como la madre abadesa de *La novicia rebelde*? ¿Es como una versión masculina de la madre abadesa? ¿Canta? ¿Te dijo que subieras todas las montañas que pudieras?

Anne se rio de nuevo.

—Creo más bien que *ella* es probablemente como la versión femenina del abad. Supongo. Sí. Cantan, pero no canciones de Rogers y Hammerstein. Solo cantos gregorianos.

—Bueno, eso está bien. Me alegra que fuera agradable contigo. Te lo mereces. Los ministros que conocí de pequeña estaban bien. Bueno, la mayoría. ¿Alguna vez te hablé de esos grupos presbiterianos juveniles a los que me hacían ir mis padres? Eran muy divertidos. Patinábamos sobre el pavimento y también sobre el hielo. Tal parece que los presbiterianos patinan mucho. Ah, y el helado. Siempre comíamos helado. Un fin de semana fuimos a una casa de retiro en el bosque en algún lugar de los Poconos y jugamos juegos y hablamos de Jesús. Y, obviamente, nos dieron helado. Era, en realidad, muy divertido. Pero la iglesia ya no es lo mío. Sin embargo, me alegro de que el padre sea amable contigo. ¿Cómo es?

—¿El padre Paul? —replicó Anne, tomando un sorbo de Coca-Cola Light—. Mm, bueno, ya sabes. Es un sacerdote o un monje, así que... no lo sé. Es agradable. Me escucha. En realidad, mmm...

—Vamos... ¿qué?

—Creo que me gusta ir allá. Es un lugar tranquilo. Y también bonito. Y hay cosas peores en el mundo que ser tranquilo y bonito.

—Es cierto. Pero ten cuidado. No querrás convertirte en una especie de fanática religiosa.

Anne dejó la lata de refresco en la mesa y alzó la mano derecha.

—Juro que no voy a convertirme en una fanática religiosa. Así que, ayúdame Dios.

21

—No sé muy bien qué hacer con esto —dijo Anne mientras se inclinaba sobre la mesa y le entregaba un sobre blanco al padre Paul.

Se encontraban en la oficina del abad después de Vísperas. La luz menguante del sol se filtraba a través de las hojas del arce que había afuera, destellando en la vieja alfombra oriental y en las poltronas rojas en las que estaban sentados. Hacía unos minutos, Maddy había sorprendido a Anne en la casa de huéspedes tras saludarla con un abrazo y conducirla a la oficina del abad.

Un poco extrañado, el abad examinó el sobre. No tenía destinatario ni remitente.

—¿Qué es esto?

—Es la carta para Dios. ¿Se acuerda?

—Oh, sí. Claro. ¿Qué sentiste al escribirla?

—Bueno, me sentí bien luego de consignar mis pensamientos por escrito. En realidad pensé que iba a estar más enojada, pero no fue así. No sé por qué, pero no me enojé. Estaba más triste que enojada. Y resulté hablando más de Jeremiah que de Dios.

Hizo una pausa.

—¿Quiere leerla?

—No. Gracias.

Le devolvió el sobre y alisó la parte frontal del escapulario que cubría su túnica blanca.

—Es una carta para Dios, no para mí. Me alegra que la hayas escrito. Y estoy seguro de que Dios ya ha oído lo que tenías para decirle.

—Bueno. Espero que sí. A veces no estoy muy segura de todo esto. Y pienso que aunque Dios exista, no sé si quisiera conocerlo.

Con la mirada, el padre Paul parecía estarla invitando a que siguiera hablando.

—Quiero decir, a veces pienso que me *gustaría* creer en Dios. Y en lo mucho que creían mis padres, y en el consuelo que era para ellos. Pero luego pienso en la forma como *es* Dios. Él se llevó a mi hijo, en primer lugar, así que, ¿por qué querría yo creer en un Dios que hace eso? Eso me parece muy... masoquista.

El rostro del abad no denotó sorpresa ni desaprobación.

—Además, no dejo de pensar en esa persona que me está juzgando cada minuto del día desde el cielo. Que mira todo lo que hago —todas las veces que no fui a misa, todas las veces que me enojé después de la muerte de Jeremiah, y todas las veces que me enfurecí con mi exmarido, y que marca todo en casillas que dicen «correcto» o «incorrecto». Entonces, cuando llegue al final de mi vida, habrá demasiadas casillas marcadas como «incorrecto», y me iré al infierno. Cuando era pequeña, mis padres solían decir: «Puede que no seamos capaces de ver todo lo que haces, pero *Dios* sí». Y eso me asustaba mucho. Entonces, ¿quién quiere creer en un Dios que sea así? Yo no.

—Yo tampoco. Ese no es el Dios en el que yo creo.

Anne lo miró confundida.

—Permíteme explicarte mi forma de ver esto. Yo creo que Dios nos juzgará al final de nuestras vidas. Así nos lo dice Jesús en los Evangelios. Y, al menos como yo lo veo, un Dios que no juzgue lo que hacemos es un Dios a quien no le importa cómo vivimos. Y, ¿quién querría creer en un Dios a quien no le importa cómo nos tratamos unos a otros? Pero para mí, Dios consiste mucho más en la misericordia y el amor que en el juicio y el castigo. Es algo que vemos una y otra vez en las parábolas de Jesús. ¿Puedo hacerte una pregunta?

Anne asintió.

—¿Crees que haya alguna similitud entre la manera como veías a tus padres y la manera como ves a Dios?

Anne pensó un momento en eso.

—A veces —continuó el padre Paul—, nuestras imágenes de Dios vienen de la forma en que nuestros padres nos trataron. Así que si nuestros padres eran críticos, duros o exigentes, a menudo transferimos esos mismos atributos a Dios. Esto termina por influir en la forma en que nos relacionamos con Dios. Es por eso que te lo pregunto.

Anne miró por la ventana y se esforzó para ver el sol poniente a través de las hojas.

—Me siento avergonzada de decir esto, porque quería mucho a mis padres y realmente eran personas maravillosas, pero...

—Eso está bien —la interrumpió el padre Paul—. No estoy diciendo esto para denigrar a tus padres, sino para invitarte a que entiendas mejor tu relación con Dios.

—Tengo que admitir que mis padres, aunque eran cariñosos, también eran muy... mmm... muy... demasiado exigentes.

—¿En qué sentido?

—Pues... —dijo, mientras se retorcía en la silla—, todas las noches me hacían firmar una hoja que había en el refrigerador, señalando que había hecho mis deberes del día, y tenía que asegurarme de que todos mis juguetes siempre estuvieran guardados en mi habitación, pues de lo contrario, mi mamá se ofuscaba, y mi papá revisaba todas las noches mis deberes escolares. Y si yo no hacía eso, se desataba un infierno.

—¿En serio? ¿Se desataba un infierno? Es una elección interesante de palabras.

—¿Qué quiere decir?

—Que Dios no es tus padres. El hecho de que tus padres fueran exigentes no significa que Dios sea así. A veces tenemos una imagen de Dios que realmente no es la de Él. Y entonces nos quedamos atascados en ese Dios. Es el Dios de *Anne* del que estás hablando. Es el Dios de *Anne* el que es un tirano. Es el Dios de *Anne* con el que no quieres relacionarte.

—Creo que no entiendo.

—Me refiero a tus imágenes de Dios y a la manera como influyen en la forma en que te relacionas con Él. ¿Hay otras imágenes de Dios que te gusten?

Anne recordó su experiencia en el jardín. Era muy peculiar. Había venido para hablarle a Paul acerca de esa experiencia, se le había olvidado, y ahora le alegró recordarlo. Esa era la razón por la que había venido.

—En realidad, el otro día me pasó una cosa muy extraña —le dijo.

El abad extendió la mano derecha con la palma hacia arriba, a modo de estímulo.

—El otro día estaba dedicada a la jardinería en mi casa. Es algo que realmente me gusta hacer. Fue el domingo. ¿Recuerda lo agradable que fue el domingo?

El padre Paul asintió. Anne entonces le contó que había sembrado las plantas, palmeado la tierra, recordado a su madre, y le habló de aquel reconocimiento extraño, de aquella sensación desconocida de Dios.

—Pensé —dijo—, que se sentía como si Dios estuviera palmeando la tierra... a mi alrededor, o algo así.

Una sonrisa gentil se asomó en el rostro del padre Paul.

—¿Te parece que eso suena descabellado?

—De ningún modo. Suena hermoso. Dios es el jardinero que te cuida como a una flor, que te nutre así como cuidas las plantas de tu jardín. Eso es adorable. También es maravilloso que hayas relacionado eso con una imagen reconfortante de tu madre. ¿Puedes dejar que esa sea tu imagen de Dios, al menos por ahora?

—¿Qué quiere decir?

—Bueno, esa imagen puede ser un regalo de Dios. Puede ser la manera en que Dios te está invitando a ver las cosas bajo una nueva luz. ¿Quién dice que tienes que pensar en Dios solo como en un juez? ¿Quién dice que esa es la única imagen que puedes tener de Él? Hay un montón de imágenes de Dios. Y creo que Él te ha dado simplemente una nueva.

Anne lo miró, asimilando sus palabras. Se mantuvo callada.

—Es muy curioso pero esa es una imagen que se da con mucha frecuencia en la vida espiritual. Después de que Jesús se levanta de entre los muertos en la Semana Santa y se le aparece a María Magdalena, ella piensa que es el jardinero.

—Sí. Recuerdo esa historia. Siempre me pareció difícil de entender.

—*Es* un poco misteriosa. Es extraño que María no lo haya podido reconocer después de la resurrección. A fin de cuentas, no es que no lo hubiera visto antes. Pero tal vez el aspecto que él tenía ahora haya sido un poco... diferente. En cualquier caso, ella piensa que él es el jardinero hasta que Jesús pronuncia su nombre. Desde entonces, ha existido una tradición en la pintura de retratar a Jesús como un jardinero. Verás incluso cuadros en los que Jesús se le aparece a María con algunas herramientas de jardinería. Es algo realmente muy hermoso.

Anne sintió que algo se relajaba y se calmaba en su interior al escuchar la voz del padre Paul. Quería seguir oyéndolo y se sintió contenta cuando él continuó.

—Y hay todo tipo de formas maravillosas de pensar en ello. Quiero decir, desde un punto de vista espiritual. A uno de los viejos monjes aquí le gusta decir que Dios siembra nuestras almas y mueve cosas —como tú lo haces en un jardín— de modo que puedas sembrar nuevas plantas. ¿Recuerdas cuando retiras piedras y maleza para hacerle espacio a las nuevas siembras en primavera? Dios sacude un poco las cosas en nuestras vidas, y a veces es difícil y doloroso, pero todo ese movimiento de tierra puede permitir que algo nuevo eche raíces y florezca.

A Anne esa imagen le pareció atrayente, y la hizo sonreír.

El padre Paul le preguntó:

—¿Has oído hablar de Santa Teresa de Lisieux?

—Realmente no sé mucho de santos.

—Bueno, a menudo la llaman La Florecita...

—¿La Florecita? Oh sí, me acuerdo. Mis padres tenían una foto suya en su habitación. Sin embargo, no sé mucho de ella. ¿Cuál es su historia?

—Bueno, Santa Teresita era una monja carmelita que vivió a finales del siglo XIX en una pequeña ciudad de Francia llamada Lisieux. Perdió a su madre cuando era muy pequeña, tal vez cuando tenía tres o cuatro años; su padre la adoraba, y sus hermanas la consentían mucho. Vivió en un monasterio de clausura, por lo que uno pensaría que nadie volvió a saber de ella una vez que entró allí. Pero escribió una autobiografía maravillosa, simplemente magnífica. De todos modos, contiene un pasaje sobre la forma en que Dios nos mira, algo así como si fuéramos el jardín de Dios, y... espera un minuto.

Fue a su estantería y sacó un libro muy usado de pasta gris. Pasó las páginas.

—Aquí está.

Se sentó y leyó un pasaje que Anne vio que estaba subrayado con tinta azul:

Vi que todas las flores que creó Dios eran hermosas. Vi que el esplendor de la rosa y la blancura de la azucena no disminuyen en nada el perfume de la humilde violeta, ni le quitan nada al hechizo de la sencilla margarita. Comprendí que si todas las flores quisieran ser rosas, perderían la naturaleza de la belleza de la primavera y ya no estarían los campos adornados por las florecitas. Lo mismo ocurre en el jardín vivo del Señor, en el mundo de las almas... también creó a otros más pequeños que se contentan con ser humildes margaritas o violetas, destinados a recrear los ojos de Dios cuando los inclina a sus pies. Cuanto más se alegran las flores en hacer la voluntad de Dios,

*tanto más perfectas son. La perfección consiste en hacer Su voluntad,
en ser lo que Él quiere que seamos.*[7]

—Es lindo —dijo Anne.

—Así que la imagen de ti en el jardín de Dios coincide con algunas imágenes de los santos. Pero se trata de esto, Anne: es una imagen que Dios *te* dio. Piensa en esto: ¿de dónde crees que vino tu imagen?

—No lo sé. ¿De mi imaginación?

—Eso es cierto. Pero también podrías decir que Dios sembró esa semilla en tu imaginación, dispuesta a florecer cuando estuvieras lista. Esa es la manera en que Dios se comunica con nosotros: de maneras muy personales.

Anne se recostó en la silla. La idea de que Dios era algo, o alguien, o lo que fuera, y que se comunicaba con ella, era nueva. Y confusa.

—Eso es mucho para asimilar.

El padre Paul esperó.

—Pero es agradable.

—Dios quiere tener una relación con nosotros. Y Dios quiere tener una relación *contigo*. Y el primer paso en esa relación es confiar en que esto es cierto, como en cualquier relación. También significa reconocer que este tipo de experiencias son la forma en que Dios inicia una conversación. Y, ¿te parece que eso suena como un Dios que juzga?

—En realidad, no.

—De hecho —continuó—, si piensas en las imágenes de Dios que Jesús utiliza en los Evangelios, es mucho más que un simple

---

7. Santa Teresita del Niño Jesús, *Historia de un alma, autobiografía espiritual* (Buenos Aires: Bonum, 2007) pp. 20–21.

Dios que juzga. Si bien es cierto que Jesús habla del Juicio Final, habla mucho más de un Dios misericordioso y compasivo.

—¿Por ejemplo?

—Bueno, como en la historia del hijo pródigo, donde este se va de su casa, despilfarra toda su herencia, y entonces regresa a su hogar. La mayoría de las personas sabe que su padre le da la bienvenida de nuevo. Pero lo que a veces olvidan es que el hijo aún no ha pedido perdón. Quiero decir que si bien el hijo decide disculparse en esta historia, su padre se apresura a darle la bienvenida antes de que el hijo diga una sola palabra. Esa es una de mis imágenes preferidas de Dios. Él juzga; claro, el padre no aprueba lo que hizo su hijo, pero sobre todo, lo acoge, lo perdona, y lo ama.

Anne lo miró fijamente.

—O piensa en la mujer que perdió su moneda. ¿Conoces esa historia?

—Realmente, no.

—No hay problema. No es muy conocida. Jesús dijo que Dios es como la mujer que pierde una moneda y barre toda la casa hasta encontrarla. Significa lo mucho que Dios quiere encontrarnos. Es algo así como la parábola de la oveja descarriada, donde Dios es como el pastor que abandona todo el rebaño para encontrar a la oveja descarriada. Ambas son imágenes de un Dios que nos busca constantemente. Y ese es el Dios que te está invitando ahora mismo, a...

—¿A qué?

—A una relación.

Anne se recostó en la silla y contempló las nubes rosadas y naranjas. Sintió una extraña mezcla de miedo, curiosidad y euforia. Pero sobre todo de curiosidad. Porque no podía negar lo que había experimentado en el jardín. Había ocurrido. Y no podía negar que las palabras del padre Paul eran atrayentes. Lo eran. También le gustaron esas imágenes de Dios. Pero la idea de que Dios se comunicara con ella le parecía extraña. Y un poco aterradora. Anne no quería convertirse en una especie de fanática religiosa y decirle a la gente que Dios estaba hablando con ella.

—De acuerdo. Lo intentaré. ¿Qué se supone que debo hacer?

—¿Por qué no dejas que Dios sea Dios y que siga hablando contigo de cualquier forma que quiera? Y dejas que sea Dios, y no el Dios de Anne, ni tus viejas imágenes de Dios, sino *Dios*. Y tal vez te gustaría decirle algo a ese Dios. Tal vez quisieras entregarle esa carta.

La campana del monasterio sonó.

—Regresaré inmediatamente después de Completas —dijo, levantándose y alisándose el hábito—. A menos que quieras unirte a nosotros

—Todavía no, gracias.

22

Anne permaneció sentada en la oficina del padre Paul durante Completas, viendo el atardecer anaranjado a través de las hojas oscuras del arce y escuchando los cantos resonar en los pasillos de la abadía. Esperó el Salve Regina, se levantó de la silla cuando los monjes comenzaron a cantar la canción que le gustaba a su padre y se dirigió al pasillo para oír mejor. Sintió una especie de apoyo mientras se recostaba contra la fría pared de ladrillo, como si algo la estuviera sosteniendo. La gran campana volvió a sonar, señalando el fin de la oración. Se apresuró en volver a la oficina al oír que los monjes se levantaban de sus asientos en la capilla.

Algunos monjes miraron distraídamente mientras pasaban por la oficina del abad pero al ver a Anne, posaron rápidamente sus miradas en las baldosas del piso.

El padre Edward se arrastraba con la ayuda de un caminador metálico, y echó un vistazo a la oficina.

—¡Annie! —dijo con una sonrisa—. ¡Siento mucho que no nos hayamos visto el otro día! Estoy muy feliz de verte ahora. He estado rezando por ti.

Anne se sintió conmovida por la forma atropellada en que habló el padre. Solo Sunshine la recibía con tanta alegría, y eso que ni siquiera era una persona. Y lo hacía preferentemente a la hora de las comidas.

El padre Edward entró con dificultad a la oficina del abad. Anne se inclinó sobre su caminador, que tenía un rosario en una de las manijas, y besó al monje anciano en la mejilla rugosa. Él se sonrojó.

—Es una bendición verte —dijo de nuevo—. ¿Te vas a reunir con el padre abad?

—Bueno, sí —admitió ella—. Quería venir un momento y verlo a usted también esta noche. ¿Se siente mejor?

—Ah, sí, sí. Es solo una bronquitis leve, gracias a Dios. Por estos días me toma un poco más de tiempo recuperarme.

Cuando el abad entró, el padre Edward se empujó para levantarse.

—Padre —dijo el padre Paul—. Por favor, no se levante. Reserve sus fuerzas.

De pronto, Anne se sintió incómoda. *¿Cómo he llegado a esto, sentada con dos monjes en un monasterio?* Se imaginó a Kerry burlándose de ella por esta escena. Una débil sonrisa intentó asomarse a sus labios, pero la reprimió. Entonces pensó en su padre y en lo feliz que estaría de verla allí.

—¿Crees que puedes visitarme cuando termines de hablar con el abad?

—Me encantaría —dijo ella.

—¿Tengo su permiso? —le preguntó al abad.

—Por supuesto —respondió Paul.

El padre Edward salió arrastrándose de la oficina.

Una vez que estuvo fuera del alcance de su conversación, Anne preguntó:

—¿Está realmente bien?

—Sí, me alegra decir que sí —respondió el abad—. Es obvio que se está muriendo, pero...

Los ojos de Anne se agrandaron.

—¿*Qué*?

—No te preocupes. Es lo que a veces decimos aquí. Me refiero a que *todos* nos estamos muriendo. Todos vamos camino a la muerte. Pero sí, el padre Edward está bien. Solo los achaques normales y las penas de la vida humana. Uno de nuestros abades solía decir eso, en lugar de ver nuestros cuerpos como algo que es permanente y molestarnos cuando se deteriora; tiene más sentido verlos como algo que es transitorio y está destinado a estropearse. Del mismo modo en que no esperas que un par de pantalones duren para siempre, tampoco debes esperar que tu cuerpo haga lo mismo. Al final, ambos terminan con arrugas y agujeros, y comienzan a desintegrarse. Así que cuando las cosas empiezan a declinar, no es tan aterrador. Es de esperar.

—Eso no hace que envejecer sea más fácil.

—No, no lo hace más fácil pero sí lo hace más... esperable. De alguna manera, eso siempre me ha ayudado —comentó el abad, encogiéndose de hombros.

Anne no quería enfrascarse en una discusión sobre la vejez, y tampoco quería dejar de visitar al padre Edward. Además, quería regresar a casa antes de que fuera demasiado tarde, por lo que retomó su punto.

—Entonces, ¿cómo propone que le entregue mi carta a Dios? O tal vez debería llamarlo. ¿Tienen una línea directa aquí?

El padre Paul sonrió.

—¡Eso estuvo muy bueno! No, no tenemos una línea directa. Pero tal vez podríamos hablar de una llamada local. Dios ya sabe de ti, por supuesto, pero, ¿por qué no ponemos tu carta ante la imagen de Nuestra Señora que tanto te gusta? Hay una pequeña canasta de peticiones que los visitantes suelen usar. ¿Qué te parece? Puedes hacerlo después de visitar al padre Edward.

Anne estuvo de acuerdo.

El anciano sacerdote permanecía temporalmente en la enfermería, y mientras el padre Paul la llevaba allí, Anne se fue fijando en partes de la abadía que antes había pasado por alto. Esa familiaridad le confirió una nueva perspectiva.

De la abadía, lo que más le gustaba era el orden. Todo parecía estar en su lugar, en marcado contraste con su casa, donde las cajas, libros, ropa, documentos y archivos estaban desparramados por todas partes. Aquí, todas las capuchas blancas estaban en las clavijas, todas las ollas grises en los ganchos de la cocina, y todos los libros rojos de oraciones se encontraban alineados en los estantes. La sencillez de la construcción también le agradaba. Era grande, sin duda, pero de alguna manera la arquitectura, con sus líneas limpias y su ausencia casi total de ornamentación, reflejaba la austeridad de los hombres que vivían allí. Los monjes caminaban muy cerca de las paredes de ladrillo mientras pasaban a su lado, y no por el medio, como si reverenciaran los espacios en los amplios corredores y se abrieran campo el uno al otro. Le gustaba el aspecto que tenía el jardín del claustro al atardecer, con las ramas delgadas de los cornejos y cerezos meciéndose suavemente con la brisa del verano.

Terminó de entender por qué a su padre le gustaba venir aquí. De una manera completamente inesperada, sintió una intensa oleada de amor por él.

El cuarto del padre Edward en la enfermería tenía pocos muebles: una cama metálica de hospital, un pequeño lavamanos de porcelana, un viejo sillón en el que se encontraba sentado, y un antiguo escritorio de madera con numerosas hendiduras. En una mesa de noche había varios frascos plásticos, al lado del retrato enmarcado de una santa con un hábito café y blanco y un ramo de rosas. Mientras el padre Paul se sentaba en la cama del padre Edward y Anne se acomodaba en una desvencijada silla de madera, el viejo monje empezó a hablar sobre los padres de Anne.

Su padre había comenzado a ir al monasterio después de haber asistido al retiro de fin de semana para hombres patrocinado por su parroquia. En el último día del retiro, el abad había preguntado si alguno de los asistentes tenía experiencia en contabilidad, y si querría ayudar al monasterio, que pasaba por una difícil situación financiera. El padre Edward afirmó que la experiencia del papá de Anne había evitado que las dificultades del monasterio fueran mayores. El contador anterior no había sido exactamente «inescrupuloso» (Anne no había oído esa palabra desde hacía un buen tiempo), pero sí «poco servicial». Al parecer, el excontador no solo tenía conflictos ocasionales con el abad, sino que tampoco lograba pagar a tiempo las facturas de la abadía. El padre de Anne, por el contrario, había sido una «bendición» para ellos, terminando por dedicarse a los monjes. Eso había sido un gran alivio para el abad, pues significaba que pudo preocuparse menos por las finanzas y concentrarse más en otras cosas.

La madre de Anne también había asistido a retiros en la abadía, algo que a Anne le sorprendió saber. El padre Edward dijo que no sabía por qué había dejado de asistir, pero luego de hacer cuentas a partir de las fechas mencionadas por el anciano sacerdote, Anne concluyó que su propio nacimiento no le había dejado mucho tiempo libre.

Enterarse de la piedad de sus padres y de su relación con la abadía fue reconfortante e inquietante a un mismo tiempo. Era extraño oír historias de su madre y de su padre en boca de este monje anciano, que en cierto sentido parecía conocerlos mejor que ella misma. Y era extraño pensar en sus padres no solo como religiosos en el sentido de seguir una serie de reglas, sino en el sentido en que Anne estaba comenzando a entender la oración. Sus padres, cuya espiritualidad se le había antojado superficial y a veces ingenua, estaban empezando a parecerle, en cierto modo, más sofisticados de lo que era ella.

—Oh, y mira esto —le dijo el padre Edward.

Tomó una Biblia de su mesa de noche y sacó con cuidado una vieja foto de entre sus páginas.

—¡Mira a quién encontré!

Con una mano ligeramente temblorosa, le pasó una foto descolorida en la que se veía a su madre con un vestido rosado y con flores, a su padre con un traje café, y a un padre Edward muy joven, vestido con un alba blanca y una estola dorada, vertiendo agua sobre la cabeza de un bebé en una iglesia.

—Esa eres tú.

Anne miró atentamente su bautismo. Nunca había visto esa foto. Sus padres no habían sido muy aficionados a los álbumes fotográficos o a las películas caseras. Su madre había guardado un álbum en cuero del día de su boda y otras pocas fotos de la familia en una caja de zapatos debajo de su cama. Y al morir ella, Anne se había reprochado por no haber insistido en encontrar la caja; más tarde, mientras hacía arreglos para vender la casa de sus padres, negocio que finalmente no se materializó, simplemente había renunciado a seguir buscándola. Quizás, se había dicho, la habré arrojado a la basura con otras cosas que me habían parecido inservibles.

El padre Edward siguió explicando:

—El abad de esa época me dio permiso especial para salir del monasterio y bautizarte. Lo hizo debido a nuestra gratitud para con tu padre. Mira lo pequeña que eras —dijo, señalando con su dedo nudoso la bebé acurrucada en los brazos de su madre—. Estaban tan felices ese día.

A Anne se le hizo un nudo en la garganta.

—Me sentí orgulloso de darte la bienvenida a la iglesia —añadió el monje.

Y acto seguido, le preguntó si le permitía que la bendijera. Anne miró al padre Paul quien, con un gesto sin pronunciar palabra, dio su asentimiento. Entonces, el padre Edward le hizo un gesto para que se acercara. Anne se puso de pie y se acercó al sillón y se quedó allí parada, sin saber qué hacer. El padre Edward se rio entre dientes.

—Acércate, querida.

Anne se acercó, inclinó la cabeza, el padre Edward puso sus manos temblorosas sobre ella y permaneció en silencio. Luego susurró un amén. Después que el padre Edward se hubo despedido, el abad condujo a Anne a la iglesia de la abadía.

—Quédate todo el tiempo que quieras —le dijo—. Y vuelve cuando lo desees.

Enseguida, se alejó.

La iglesia estaba ya casi completamente oscura, salvo por la luz que emanaba de una lámpara de bronce cerca del altar. Los vitrales azules dejaban pasar apenas unos leves destellos de luz, de modo que incluso durante el día la iglesia permanecía sumida en buena parte entre las sombras. Anne se acercó a la voluminosa mesa de madera que sostenía la imagen de María, quien parecía fijar su mirada en ella.

La expresión de María era ahora de compasión. Una forma extraña en que la misma imagen podía parecer tan diferente al mirarla de nuevo.

Sobre la mesa, y debajo del cuadro, había una canasta redonda de mimbre con decenas de cartas. La mayoría estaban en sobres, pero muchas otras estaban escritas en hojas sueltas. Anne no pudo dejar de leer algunas:

María, ruega para que mi padre se cure de cáncer.

Dios, permíteme tener un hijo.

Por favor, Dios, si es tu voluntad, ayúdame a encontrar un trabajo.

Dios, te pido no estar tan solo.

Gracias por tus oraciones, María.

Anne no sabía muy bien qué sentía con respecto a estas peticiones. Por un lado, la conmovían. Por el otro, le parecían supersticiosas. ¿Por qué habrías de pedirle a María por tus oraciones si simplemente podías pedirle a Dios? Se le antojó un paso innecesario.

Se preguntó si tenía sentido depositar una carta dirigida a Dios en una caja frente a una imagen de María. Luego le miró el rostro y concluyó que era un lugar tan apropiado como cualquier otro. Dejó su carta entre las numerosas peticiones, retrocedió unos pasos, y dijo en silencio, «Bueno, María, si estás ahí, por favor entrégale esta carta a Dios». Se alegró de no decirlo en voz alta, porque le parecía que habría sonado vergonzoso. Pero se sentía bien haberlo dicho en silencio.

Al ver que no había nadie a su alrededor, se sentó en una de las bancas en la sección de visitantes. Hubiera preferido sentarse en las sillerías de los monjes, más cerca de la imagen de María, o incluso en el piso, pero le preocupaba lo que podría pasar si alguien la veía. La vieja banca crujió al recibir su peso, y luego la capilla quedó en silencio. Los grillos cantaban afuera. Por primera vez desde la muerte de Jeremiah, trató de elevar una oración. A pesar de sí misma, repitió el título de un libro que había leído en la escuela secundaria. No podía encontrar otra manera de hacerlo.

—Dios, ¿estás ahí? —dijo en silencio—. Soy yo, Annie.

23

Mark miró el prado. Lo encontró tan extenso que se puso de mal humor. ¿Sería posible que los terrenos de la abadía hubieran crecido tanto desde la última vez que había cortado el césped? Le pareció que así era. Después de cortarlo, algo que hacía dos veces al mes, conducía hasta su casa, se daba una ducha, salía a correr, y luego se bañaba de nuevo solo para eliminar de su cuerpo todo el olor a hierba. Incluso entonces, cuando cerraba los ojos de noche, todo lo que veía era verde y todo lo que olía era césped.

Hoy, protegido por la gorra de los Medias Rojas manchada de sudor, se maldijo por haber coqueteado con Anne el fin de semana. Sabiendo que nadie podría oírlo debido al ruido que hacía la enorme cortadora de césped, gritó, furioso, «¡Mierda!». A veces le parecía como si estuviera a merced de su libido. Peor aún, se sentía avergonzado cuando una mujer lo rechazaba: tonto, avergonzado, y disminuido ante sus propios ojos. «Yermo», palabra que había encontrado recientemente en una biografía que no había terminado de leer. No sabía exactamente lo que significaba y estaba demasiado cansado para buscarla en un diccionario pero le parecía entender que describía exactamente su estado de ánimo.

Así habían sido las cosas desde los primeros años de secundaria. Se sentía bien consigo mismo cuando una mujer respondía a sus propuestas y terminaban besándose o saliendo, y esas vibraciones positivas alegraban todo lo que hacía: su trabajo, las interacciones con sus amigos, e incluso cuando corría. Sentía que lo hacía más rápido cuando su vida romántica era como él quería.

Giró bruscamente la cortadora verde y amarilla y contempló desde el valle la iglesia de la abadía que asomaba en la cima de la colina. Los días en que se sentía enojado o frustrado —como hoy, luego de su encuentro con Anne—, eran buenos para hacer trabajo físico.

Trabajar con las manos le ayudaba con frecuencia a olvidarse de su mente. Hasta que entró a la facultad de Arquitectura, siempre había tenido un trabajo que requería actividad física. En su adolescencia, cortaba prados e incluso comenzó un pequeño negocio de jardinería con tres amigos de la escuela secundaria. A medida que la cortadora de césped retumbaba debajo de él, Mark pensó cuántos prados de sus vecinos podría haber cortado con este monstruo.

En la universidad Northeastern, mientras trataba de decidir su énfasis académico, encontró trabajo con un carpintero de mediana edad en Cambridge. Mike, un amigo de su padre, dirigía un próspero negocio restaurando casas antiguas en pueblos elegantes de Cape Cod, y en ciudades acaudaladas de South Shore, como Hingham y Cohasset. Al comienzo de su aprendizaje, solo pudo hacer tareas simples, como medir y lijar, pero en el verano de su primer año en la universidad le comisionaron algo que le dio un gran orgullo: hacer, por cuenta propia, tres libreros a juego para una biblioteca en una elegante residencia que estaba siendo renovada en Cape. Los propietarios, una pareja de ancianos que habían impartido clases en la Universidad de Harvard, habían dicho que era la parte predilecta de su casa.

Una noche, Mark les había dicho a sus padres lo orgulloso que estaba de haberlas hecho sin ayuda de nadie. Su padre lo había elogiado pero también le había recordado con delicadeza: «Mike te enseñó, ¿verdad?».

Empezó por la colina, la parte de la abadía donde el césped era más difícil de cortar. De vez en cuando temía que la cortadora se volcara, aunque nunca le había ocurrido. El hermano Robert le había dicho que si el hermano Thomas podía cortar el césped, él también podría hacerlo. Al parecer, el hermano Thomas era muy inepto con las máquinas. Diez años atrás, había destrozado dos autos del monasterio antes de que el abad de esa época le hiciera prometer que siempre le pediría a alguien que lo llevara y que no volviera a conducir. «¿Es esto un voto?», había preguntado el hermano Thomas. «En lo que a mí respecta, sí», le había dicho el abad.

Al mirar el cobertizo de almacenamiento, que necesitaba una mano de pintura, Mark pensó en los pocos trabajos de carpintería que había realizado en el monasterio. Al comienzo había hecho dos estantes en pino para la bodega de almacenamiento de la fábrica de mermelada, pero no mucho más. Y en las últimas semanas no parecía haber hecho nada que no fuera pintar y enyesar. ¿Construirían la abadía para que hubiera fugas de agua cada pocas semanas? Para tratarse de un edificio con un aspecto sólido, no era en absoluto resistente. «Los constructores tuvieron que hacer algunos recortes en el presupuesto», había admitido en una ocasión el padre Paul. Las donaciones no habían sido como el arzobispo esperaba que fueran.

En efecto, Mark se sentía frustrado de que sus esperanzas de hacer más trabajos de carpintería en la abadía prácticamente se hubiesen estancado. Cerró brevemente los ojos al recordar su sueño que ahora le parecía estúpido y en el que él se convertía en un carpintero famoso cuyo trabajo todo el mundo se apresuraba a admirar en la abadía. *El famoso carpintero de la abadía,* pensó e hizo una mueca.

Mientras daba topetazos con la cortadora, se encontró luchando con un demonio persistente: pensar en la vida de su amigo Dave. Casado con una mujer maravillosa, con un buen trabajo en Filadelfia y un segundo hijo en camino, Dave parecía tener todo lo que Mark deseaba, y se avergonzaba de ver que la envidia se lo comía. Detestaba ese sentimiento. Sin embargo, no parecía ser capaz de ayudarse a sí mismo. Si solo hubiera tomado un trabajo diferente al salir de la universidad. Si solo hubiera escuchado a los empleados de la firma que le decían que no hablara más de la cuenta. Si solo hubiera continuado con su novia de tanto tiempo y no fuera tan fiestero, a pesar de que ella le había dicho en repetidas ocasiones que detestaba eso. Si solo... Si solo...

El padre Paul le había dicho una vez que se olvidara de los *si solo* y de los *qué habría pasado si.* «No conducen a ninguna parte», le había dicho. Sin embargo, le costaba dejar de salir, y le fastidiaba sentirse molesto.

Llevó la cortadora de césped a la cima de la colina que estaba cerca de la iglesia y la casa de huéspedes, y de pronto oyó triturar con estruendo un poco de grava que por alguna razón estaba entre la hierba del estacionamiento. Se escuchó un *tin* casi estruendoso cuando las cuchillas de la cortadora dispararon una piedra contra el costado de un automóvil estacionado.

—¡Maldita sea! —gritó. Sacudió la cabeza en señal de disgusto, esperando que nadie lo hubiera visto.

—¡Qué buen disparo! —gritó el padre Paul, que estaba debajo del pórtico de la iglesia.

Magnífico. Mark apagó el motor. La gran segadora produjo un rumor leve y luego quedó en silencio. Él saltó de la máquina.

—¿Cómo está hoy el director de la planta física? —le preguntó mientras caminaba por el césped. La parte inferior negra y blanca de su hábito estaba cubierta con fragmentos de hierba.

—Como una mierda.

El padre frunció los labios, lo que Mark interpretó como una desaprobación de su lenguaje.

—¿Qué pasa? —preguntó el abad.

—Solo un montón de mierda. A veces no sé qué demonios estoy haciendo aquí.

—Bueno, en este momento, creo que estás cortando el césped.

Mark no supo si se suponía que era un comentario gracioso, o profundo. Concluyó que no era ni lo uno ni lo otro. Y esto solo lo hizo sentirse más enojado.

—¡Carajo! —dijo, suspirando.

—¿Sabes? —dijo el abad, frunciendo el ceño—. No me gusta mucho ese tipo de lenguaje...

A Mark se le descompuso la cara.

—Sí, lo sé. Lo siento. Yo, mmm...

—¿Qué te ocurre? Mark respiró hondo y trató de recordarse a sí mismo que el abad solía darle buenos consejos.

—¿Tiene un tiempo disponible?

—Tengo una reunión en la fábrica de mermelada en pocos minutos, pero mientras tanto soy todo tuyo.

—Hice algo estúpido —dijo, cerrando los ojos y sacudiendo la cabeza—. El otro día le hice una propuesta a una mujer, y ella me rechazó. No sé por qué, pero me hace sentir muy enfadado y, francamente, hace que me cuestione lo que estoy haciendo con mi vida.

—Eso es un gran salto, digo: pasar de que una mujer no te haga caso a cuestionar tu vida entera.

Mark miró por encima del hombro del abad y posó su vista en una masa oscura de pinos.

—Sí, lo sé. No es eso. Bueno, lo es. Qué sé yo. Supongo que no sé muy bien cómo llegué a este punto.

Mark se preguntó si debería compartir todo esto con el abad, y luego se dio cuenta de que no podría mantenerlo guardado y que tal vez no tuviera otra oportunidad. No podía hablar de esto con Dave.

—Quiero decir, tengo un título en arquitectura, y estoy muy agradecido por el trabajo aquí, padre Paul, no me malinterprete, y lamento mi lenguaje; pero me gustaría estar más instalado, y ser más, bueno... rico o como quiera llamarlo, y realmente quiero casarme con una mujer a la que ame. Sé que me dirá que esto es codicioso o algo así. ¿Está mal desear eso?

—No —dijo el abad—. Eso está muy bien. Me alegra que te guste estar acá. Eres bueno en lo que haces. Estamos agradecidos por tu presencia. Pero está bien querer algo más.

—Sé que esto le parecerá extraño y, quizá se deba al asunto con... —iba a decir su nombre, pero prefirió no hacerlo— esta mujer que me rechazó... pero siento, no sé, una especie de vergüenza por lo que estoy haciendo aquí. ¿Sabe? Me frustro cuando suceden ese tipo de cosas, y eso termina por confundirme en otros sentidos. Tengo amigos, y les va muy bien en todo, y mientras tanto, aquí estoy...

Miró la hierba. De repente, se encontró con su garganta constreñida por la emoción, y las lágrimas comenzaron a llenar sus ojos, lo cual le sorprendió, pero ante todo, le produjo más rabia.

—Aquí estoy cortando prados. Es como si este trabajo fuera solo... ser un encargado de mantenimiento, y me pregunto si voy...

—¿Si vas qué?

—Me pregunto si voy a estar aquí cortando el césped y siendo un *todero* mi vida entera. Francamente, ni siquiera sé lo que siento en este momento. Simplemente estoy cabreado. Todo parece apestar en este momento.

—¿Aceptarías un consejo?

—Adelante.

—Bueno, en primer lugar, trata de separar lo que te está molestando y de no revolver las cosas. Que una relación con esta mujer no resultó no significa que toda tu vida sea un desastre. Podrías tratar de evitar el uso de expresiones tan universales como «Todo parece apestar».

—Lo sé —replicó Mark, mirando los fragmentos de hierba en sus zapatillas desgastadas. Se sintió mal al ver sus viejos zapatos. Y avergonzado.

—Me ha dicho eso antes, y no he intentado hacerlo. Creo que lo que más me molesta es mi trabajo. No me parece que esté donde debo estar. A veces me parece...

Se secó el sudor de la cara con la manga de su camiseta, así como las lágrimas, pues no quería que el padre Paul las viera.

—Me parece... que no está a mi altura.

Se sintió avergonzado de haber dicho eso.

—Te he dicho antes que Jesús era carpintero, ¿pero alguna vez te hablé de las otras cosas que probablemente haya hecho? La palabra que utilizaron los escritores de los Evangelios para la ocupación de Jesús es *tekton*.

—Perdón, ¿qué? —dijo, mirando directamente al abad. ¿Iría a recibir un sermón?

—*Tekton* —repitió el abad—. Es la palabra griega que utilizan los Evangelios para describir la ocupación de Jesús. La mayoría de las personas piensan que Jesús era carpintero, pero muchos estudiosos afirman que esa palabra no significa únicamente carpintero, sino también ebanista, artesano, encargado de mantenimiento, trabajador de la construcción, o incluso jornalero. Jesús hizo muchas otras cosas además de puertas y mesas. Probablemente ayudó a construir casas y paredes de piedra y todo eso. Y si estuviera actualmente en la Tierra, podría incluso estar conduciendo una cortadora de césped.

—Si yo fuera Jesús, chasquearía los dedos, y este prado estaría cortado.

—Tal vez sí, aunque tal vez no... Jesús trabajó realmente. Quiero decir, cuando estaba en Nazaret, no chasqueó los dedos para hacer una mesa. La construyó. Sus allegados en Nazaret lo conocieron básicamente no como un hacedor de milagros, sino como un carpintero. Apuesto a que también era bastante bueno en lo que hacía. Y dudo que tuviera muchas opciones al respecto. San José ya tenía un negocio de carpintería, así que Jesús probablemente ingresó al negocio de la familia y siguió los pasos de José. Pero tú tienes una opción, Mark.

—Lo sé —reconoció, pateando una piedra lejos del camino de la podadora—. Simplemente no parezco estar tomando las opciones correctas.

—Entonces, ¿cuál crees que sea tu opción?

—¿A qué se refiere?

—Me refiero a qué es lo que realmente quieres hacer en la vida.

Mark respiró profundo y exhaló. Observó brevemente al abad y luego dirigió su mirada a las líneas impecables de la iglesia de la abadía y a la forma en que se erigía a la perfección en la cima de la colina, como si el lugar hubiera sido creado para el templo, y este para el lugar. Recordó haber leído que Frank Lloyd Wright insistía, de manera casi obsesiva, en que un edificio debía parecer como si hubiera surgido de su entorno. Miró la puerta de madera roja de la iglesia y los bancos de pino en el pórtico bajo los arcos de piedra. Entonces se acordó de los estantes de Cape.

—Si pudiera ser un buen carpintero —dijo—, me gustaría ser uno.

—¿Por qué?

—Cuando estaba en la escuela, lo que más me gustaba era hacer maquetas que todo el mundo parecía detestar. Toda la otra basura me parecía ridícula; todo ese cuento superficial sobre cuál arquitecto era genial, cuál era la compañía arquitectónica más vanguardista, quién ganaba todos los grandes premios de arquitectura, y bla, bla, bla. Lo que más me gustaba era construir, fabricar, *hacer*. A mediados de la universidad empecé a preguntarme si acaso no estaba hecho para la carpintería. Una vez hice unos libreros para una casa impresionante en Cape, y no podía dejar de admirarlos.

Miró al padre Paul y le dijo:

—Me gusta crear cosas. Me hace sentir bien. Es la mejor explicación que puedo dar. Pero no sé muy bien si eso es una vida.

—Es lo que te gusta. ¿Qué hay de malo en eso? ¿Por qué no hacer lo que te gusta? Y, ¿a quién le importa lo que hagan los demás? ¿Por qué no dejas que todo ese cuento superficial, como lo llamas, desaparezca? ¿Por qué no haces a un lado todas las comparaciones y todas las expectativas acerca de lo que supuestamente no está a tu altura? Francamente, eso es lo que tratamos de hacer aquí: tirar todo tan lejos para poder ser lo que estamos llamados a ser. Es como raspar una vieja capa de pintura de una mesa para poder ver la madera original. Y por lo general, lo que está debajo es más hermoso de lo que habíamos imaginado.

Mark seguía enojado por la propuesta que le había hecho a Anne, pero esta conversación le había ayudado a calmarse y a cambiar su punto de vista. Allí, en medio de la brisa y del prado a medio cortar, podía sentir su respiración más lenta y sus músculos más relajados. Su vergüenza había menguado. Levantó el dobladillo de su camiseta y se limpió los ojos.

—¿Por qué no me dejas ver si podemos darte la oportunidad de hacer más trabajos de carpintería u otros que sean un poco más creativos?

—Por supuesto; eso suena muy bien.

Sintió la necesidad de estrechar la mano del abad, y lo hizo.

—Espero que puedas ver que tu deseo de ser carpintero proviene de Dios. Podría ser una vocación para ti. Eres bueno en eso. Y en este caso, puedes ganarte la vida haciendo lo que amas. Así que, ¿por qué no confías en tu deseo?

—Gracias —respondió Mark. Subió de nuevo a la cortadora de césped, conectó el encendido, y le dijo:

—¿Algún consejo sobre mujeres?

—Bueno, ya sabes lo que dijo Jesús.

—¡No! —exclamó Mark, sintiendo curiosidad por escuchar consejos de citas por parte de Jesús.

La cortadora de césped se encendió con estruendo.

—¡Hay muchos peces en el mar! —gritó el abad en medio del ruido del motor.

—¡Jesús no dijo eso! —repuso Mark en medio del rugido, que ya era ensordecedor.

—¡No! —aclaró Paul, gritando a todo pulmón—. ¡Pero debería haberlo dicho!

24

Mientras lavaba los platos después de la cena que había compartido con Kerry, pensó en la oración que había dicho en la capilla unos días atrás: «*Dios, ¿estás ahí? Soy yo, Annie*». Le sorprendió recordar que había usado el nombre que utilizaba el padre Edward para referirse a ella, como si estuviera regresando a un lugar ya conocido o a la persona que había sido.

Mirando por encima de su hombro, posó la vista en la foto de su bautismo. Usando un imán de los Phillys, la había adherido a la puerta del refrigerador. Recordó el bautismo de Jeremiah que había hecho de mala gana, más por respeto a sus padres, en lo que supuestamente era su iglesia parroquial, a pesar de que nunca había puesto un pie en ella.

A una pregunta de su madre sobre cuál era su parroquia, le había contestado con una mirada en blanco. Con un «No me molesta si el sacerdote le echa un poco de agua» Eddie había expuesto su parecer.

Sin embargo, durante el funeral se sintió bien por haberlo bautizado. Se había reunido un día antes con un sacerdote en la parroquia local. El clérigo, que era joven, amable y oriundo de Nigeria, habló largamente pero Anne olvidó casi todo, porque escasamente podía concentrarse. Pero un comentario la había impresionado.

—Pondremos un paño sobre su ataúd después de que entre a la iglesia —dijo con un fuerte acento mientras estaban sentados en un sala llena de muebles—. ¿Sabe qué simboliza eso?

Incapaz de seguir la conversación, había negado con un movimiento de cabeza.

—Se llama mortaja.

A Anne le sorprendió no saber la derivación de aquella palabra tan conocida. *Lo cubrieron con una mortaja,* pensó. Ella, que era una ávida lectora, debió de haber encontrado en las novelas docenas de variaciones de esa frase. El sacerdote le dijo que la mortaja representa la ropa blanca que llevan los niños en el bautismo. No estaba segura de recordarlo todo. La tela utilizada por la funeraria era casi tan grande como un mantel. Pero el simbolismo le había causado una profunda impresión. Su llanto se había hecho más intenso cuando el director de la funeraria puso la larga tela blanca encima del ataúd de Jeremiah luego de ser llevado a la iglesia por los portadores del féretro, otro término que tampoco había entendido, hasta ahora. Durante su funeral, había pensado en el bautismo de Jeremiah.

La oración que había dicho en la capilla de la abadía la dejó confundida. Le gustaba, pero se preguntó si en realidad era una oración. Había esperado un rato después de habérsela presentado a Dios. Y luego, un poco más. ¿Qué se suponía que debía suceder? ¿Debería decir algo más? ¿Tendría que escuchar voces? Hubiese deseado que el padre Paul estuviera allí para ayudarla, pero no estaba; así es que permaneció sentada con los ojos cerrados. La capilla estaba tan oscura que no podía ver la imagen de María, pero se imaginó que la manera correcta de rezar era con los ojos cerrados.

Pensó en todas las cosas que tenía que hacer en los próximos días, y sintió que se le aceleraba el pulso y se sonrojaba. La auditoría en la que estaba trabajando con Kerry era más complicada de lo que habían previsto al comenzar el proyecto. Los registros financieros del cliente eran un desastre. Hizo una mueca que denotaba su preocupación.

¡Si tuviera más tiempo libre! *¿Ora et labora?* ¿No era eso lo *que* Maddy había dicho que hacían los monjes? ¿Significaba acaso «orar y trabajar» «descansar y trabajar»? De cualquier manera, anhelaba descansar más en su vida. Pero, ¿qué haría con el tiempo libre? ¿Pasar más tiempo pensando en Jeremiah? Tal vez era mejor trabajar más duro para no tener que pensar en el pasado. Por el otro lado, si tuviera un poco más de tiempo libre podría trabajar en el jardín...

Entonces recordó la imagen de Dios como el jardinero, de la que había hablado con el padre Paul. Él le había dicho que era una imagen apropiada, por lo que decidió que estaba bien pensar en eso.

Recordó aquel día en el patio de su casa, cuando se había arrodillado al borde del jardín y percibido los colores intensos de las flores. Los rojos, rosados y naranjas acudieron a su mente. La calidez del sol en su cuello. Sus manos en la tierra húmeda. Se imaginó que estaba de nuevo en el jardín. Volvió a sentir esa calma y se relajó. El bienestar parecía echar raíces en ella.

Entonces sucedió algo extraño. No estaba segura de si era algo que ella misma había elaborado, pero la figura de Jesús caminando en un jardín acudió a su cabeza de manera natural e inesperada.

Hacía muchos años, el profesor de la escuela dominical les había enseñado la canción «La mañana ha despuntado». Recordó el sonido de la sala llena de estudiantes cantando entusiasmados con su maestro. Y había una frase de la canción que le gustaba especialmente. Aun recordaba cada una de sus palabras: «Alabo la dulzura del jardín húmedo, el renacer es completo por donde pasan sus pies».[8] De niña, le agradaba pensar en Jesús caminando por la tierra seca y dejando flores tras sus huellas. Sabía que probablemente eso no había sucedido, pero era lo que recordaba mientras permanecía sentada en la capilla.

Le gustaba pensar sobre esa imagen, y en su visión interior podía imaginar las caléndulas naranjas y amarillas dejadas tras las huellas de Jesús. Los colores eran tan brillantes que pudo casi degustarlos: jugo natural de naranja y caramelos de limón.

Entonces, y de manera súbita, otra imagen acudió a su mente. Jesús caminaba a su lado en un jardín hermoso, llevando los guantes viejos de su padre y el sombrero de jardinería de su madre. ¡Qué imagen tan extraña! Parecía como si estuvieran caminando cerca de la tumba de la que él se había levantado el domingo de Resurrección. Algo así. No estaba segura. Pero se sentía feliz de estar a su lado, y como el padre Paul le había dicho que su primera imagen era válida, se permitió pensar en esta: en Jesús caminando junto a ella.

Allí en la cocina de su casa donde se encontraba, recordó haber respirado hondo, haberse relajado y pensado en esa imagen durante un largo rato. Recordó haber deseado hablar con Jesús. Y haber decidido que lo intentaría.

«*Lo extraño*», le había dicho.

---

8. «Morning Has Broken», canción de Cat Stevens, traducción libre tomada de www.musica.com.

Había mantenido los ojos cerrados y esperado.

Y entonces, él le había dicho en su imaginación:

«*Lo sé*».

No lo podía creer. Para él, decir eso parecía tan natural, como si hubiese estado esperando mucho tiempo para decírselo. No era ni visión ni nada parecido. Y ciertamente no lo había oído, como había oído el crujido de la banca al moverse. No. Era algo que había pensado de forma espontánea, como en un ensueño o una imagen que venía a su mente cuando leía una novela. Además, Jesús lo había dicho con calma, casi como si sintiera tristeza. Un poco como cuando le hablaba el padre Paul, o su padre y también su madre. Calma y tranquilidad.

Se había asustado un poco. Abrió los ojos para tranquilizarse. Se encontraba todavía en la capilla, que aún estaba oscura, silenciosa, y, a excepción de ella, vacía. Al cerrar los ojos de nuevo, pensó en lo que había acabado de pasar y se preguntó si era real, si tenía algún sentido, o si era simplemente un disparate. Era reconfortante, pero también inquietante. Abrió los ojos de nuevo.

Anne pasó su mano derecha por la madera suave de la banca que había adelante preguntándose cuántas personas habrían venido a ese lugar en busca de respuestas. Después de deslizar la mano un par de veces de un lado al otro, se había puesto de pie, sacado las llaves del auto y salido de la capilla.

Las lágrimas brotaron de sus ojos al recordar el tiempo que había estado allí. ¿Qué significaba todo esto? Con las manos aún sumergidas en el agua tibia y el jabón, volvió a mirar a la foto de su bautismo en el refrigerador y vio su ropa blanca, del mismo color que la que tenía Jesús en el jardín.

Entonces oyó un golpe seco, como de un bate golpeando una bola de béisbol.

Eran casi las siete y media. Junio estaba en pleno apogeo, al igual que los chicos del barrio, jugando pelota. Le sorprendieron las voces profundas que escuchó a través de la ventana cerrada. La voz de Jeremiah apenas estaba comenzando a cambiar cuando murió. Sus amigos habían continuado el viaje hacia la edad adulta.

Una figura solitaria corrió por su patio, recogió la bola, y les gritó, «¡Nos vemos!», a sus compañeros, a quienes Anne no veía pues estaban en el patio vecino. El chico atravesó su propio patio con la cabeza agachada en dirección a su casa. Anne abrió rápidamente la ventana del fregadero y gritó:

—¡Brad!

El joven se quedó inmóvil y miró fijamente la casa de Anne como si fuera una cosa viva y peligrosa. Las luciérnagas centelleaban a su alrededor en medio de la oscuridad, y los grillos cantaban. Mientras permanecía allí, recordó aquella vez que se había metido en problemas tras apuntarle a esa misma ventana con una manguera, después de que Jeremiah lo había desafiado. No sabía que la llave del agua estaba abierta, y había terminado regando agua por todo el piso de la cocina. Anne se había puesto furiosa, pero Jeremiah no podía dejar de reír, incluso después de que su madre hubo salido disparada de la casa, gritándoles a los dos.

—Brad, espera un momento —dijo Anne desde la ventana y desapareció.

Brad recordó aquella noche. Realmente nunca la había olvidado.

El calor era sofocante, como el de hoy. Después de un largo día sin hacer nada (a menos que se tratara de jugar videojuegos, ver quién podía hacer las marcas más negras al derrapar su bicicleta en la acera, y quemar montones de hojas secas con una lupa), Brad, Jeremiah y Gary habían querido ir a ver esa película en la noche de su estreno. Brad les había suplicado infructuosamente a sus padres que lo llevaran. Lo mismo había sucedido con la mamá de Jeremiah. Ella no quería que fuera. Así que Brad convenció a sus dos amigos para ir en bicicleta hasta Germantown Pike, un lugar al que les estaba prohibido ir por lo pesado del tráfico.

«¡Vamos, *mujercita*!» le había gritado porque Jeremiah sabía que ir a aquel lugar le estaba prohibido.

Brad lo recordaba todo. Iban a llegar tarde a la película y necesitaban cruzar la autopista con rapidez. Él y Gary atravesaron sin problema los cuatro carriles. Esquivaban los autos en medio de risas como si se tratara de un juego.

—¡Vamos! —le gritaron, desafiándolo a cruzar—. ¡No seas *mujercita*! —Y se volvieron para echar a andar de nuevo.

Lo que más recordaba Brad era haber puesto el pie derecho en el pedal para echar a andar su bicicleta y luego haber escuchado un golpe como el que producen dos autos al chocar. Tras volverse, con su pie derecho todavía en el pedal, había visto a alguien tirado en el pavimento y una bicicleta al lado de la autopista. Los autos que iban y venían frenaban en seco. Cuando hubo llegado al lugar, vio al conductor de uno de los autos arrodillado al lado de un cuerpo tirado sobre el pavimento. Vomitó al ver que era su mejor amigo.

Una hora más tarde, después de las ambulancias, la policía y sus preguntas, Brad les dijo a sus padres en medio de lágrimas lo que había hecho. No se lo dijo a nadie más. Ellos le insistieron una y otra vez que no había sido culpa suya, pero él sabía que sí; que había sido él quien había insistido que fueran. Él había convencido a Jeremiah. Él lo había incitado a que cruzara la carretera. Lo sabía.

No le había dicho a nadie lo mucho que pensaba en Jeremiah. Ni a Gary, ni a sus padres, ni a sus maestros, ni a ninguno de sus compañeros. Ni siquiera al consejero contratado por la escuela para que les ayudara a él y al resto de su clase después del accidente.

Después del funeral, se había sentado en la horqueta del viejo manzano silvestre que había en su patio trasero para que nadie lo viera y gritado tan fuerte que pensó que se iba a ahogar.

Pensaba mucho en J. Era así como se llamaban el uno al otro: B y J. Eran nombres que solo ellos dos utilizaban. Pensaba en J cuando jugaba béisbol. Le había enseñado la manera correcta de agarrar un bate y batear. «¿Cómo es que no *sabes* eso, viejo?», le había dicho al ver la forma disparatada de bateo de J, haciendo que el rostro de J se pusiera rojo. Lamentó al instante haberlo dicho. Pensaba en J al pasar los canales de TV y sintonizar la retransmisión de su programa favorito de dibujos animados. Solían verlo los sábados por la mañana con platos de cereal sobre sus piernas, y se reían tanto que se caían del sofá, hasta que la mamá de J les decía que pararan con eso. Brad pensaba ahora que la tira cómica era muy floja, pero a veces la veía en secreto. Era un poco como estar de nuevo con J. Cuando pasaba por la parada del autobús donde competían para ver quién escupía más lejos, pensaba en J. No sabía si era raro pensar en alguien que había muerto hacía tres años, por lo que no se lo decía a nadie.

Miró aterrorizado la casa. Para él, J aún tenía trece años. En una ocasión le había preguntado a su padre si, cuando se reuniera con J en el cielo, tendría trece años, o más. ¿Se pondría J al día con él? ¿O se convertiría él en un joven de trece años para que J pudiera reconocerlo?

La mamá de J abrió la puerta de malla. Sostenía algo en su mano. Brad se puso tenso. Durante esos tres años, había evitado verla. ¿Le iría a gritar? Mientras ella se acercaba, los grillos habían dejado de cantar.

—¿Cómo te va? —le dijo, con una sonrisa.

—Bien —respondió, en voz baja.

Anne apenas podía ver su rostro en la oscuridad, pero el tono de su voz le produjo una profunda tristeza. Cuando Brad la miró, lo hizo con una expresión de malestar o de miedo que ella no pudo descifrar. Le sorprendió ver su rostro cubierto de vellos, y comprendió que Jeremiah probablemente también estaría como él. Brad ya era más alto que ella. No podía creerlo.

—Supe que ya estás conduciendo.

Brad sonrió.

—Sí, saqué mi licencia el otro día. Es muy agradable poder conducir. Quisiera...

Se detuvo. Un insecto fosforescente se posó en la parte delantera de su camisa y parpadeó su cola una sola vez.

—Quisiera poder decirle a J...

Parecía tan sorprendido él de decirlo como Anne de oírlo.

—Fuiste un buen amigo con él.

Brad clavó los ojos en el suelo. Anne podía sentir su incomodidad, incluso la necesidad imperiosa de salir huyendo.

—Lo extraño —dijo, parpadeando para contener las lágrimas. Luego añadió—: Pienso mucho en él.

—Yo también.

El insecto fosforescente iluminó su camisa.

—¿Sabes? Creo que no te he contado lo que me dijo Jeremiah de ti unos días antes del accidente. Me dijo que eras la persona más divertida que conocía. Y creo que eso es un gran cumplido.

Brad se quedó mirando sus zapatillas.

—¿Sí?

—Y quería darte esto —añadió ella, ofreciéndole un guante de béisbol con la letra «J» escrita en marcador negro en la parte externa del pulgar.

Brad se guardó la pelota de béisbol en el bolsillo, se limpió las manos en sus pantalones, tomó el guante, y permaneció en silencio. Luego introdujo la mano en él.

—Gracias.

Comenzó a llorar profusamente mientras observaba el guante de J con la boca fruncida, la cabeza agachada, y los labios tan apretados que se tornaron casi blancos. No hizo ningún sonido y, en medio del silencio, Anne pudo ver las lágrimas caer sobre su camiseta. En seguida y antes de que él dijera algo lo atrajo a sí y lo abrazó. Se dio cuenta de lo alto que era y se preguntó si Jeremiah habría sido tan alto como su padre. Esta pregunta la hizo cerrar los ojos con fuerza.

Pensó que iba a llorar, pero solo sintió calma. Momentos después lo soltó. Conocía lo suficiente a los adolescentes como para saber que probablemente se sentiría incómodo.

—Gracias... por el guante —dijo Brad, todavía con la cabeza agachada.

—Gracias a ti por ser tan buen amigo de J.

Anne sonrió, se volvió y entró a su casa.

Después de cerrar la puerta de malla, Brad permaneció en el patio, secándose las lágrimas con la mano derecha. Se sonó la nariz con la parte inferior de la camiseta. Miró la casa de J. Entonces abrió y cerró su mano dentro del guante, lo acercó a su cara, y respiró. Olía a pasado.

25

—Ha sido de una gran ayuda para Annie —le dijo el padre Edward al padre Paul, quien se alegró de que el viejo sacerdote hubiera salido de la enfermería y estuviera de nuevo en el dormitorio.

El padre Paul estaba sentado en una silla de madera en la habitación del anciano, luego de ir en busca de consejos. Con frecuencia utilizaba a su antiguo director de novicios como una caja de resonancia.

En los veinticinco años que el padre Paul había estado en el noviciado, el padre Edward había cambiado mucho. Todos sus antiguos novicios lo decían. Como director de novicios, había sido un hombre imponente: austero, rígido, e incluso duro. Pero la edad y un combate con el cáncer diez años atrás lo habían suavizado. Ahora la comunidad lo veía como un hombre alegre, relajado y a veces juguetón. Gracias a su edad, a su experiencia y a la obra de la gracia, era el hombre más libre que el padre Paul había conocido.

—Gracias. La verdad es que a veces no sé muy bien cómo proceder con Anne. He aconsejado a personas que están de duelo, pero por lo general no a alguien que dude tanto de Dios. Así que a veces me siento desorientado. El otro día le sugerí que hiciera un poco de contemplación imaginativa, y que se imaginara a sí misma hablándole a Dios: debería haber visto la expresión de su cara. Se trata, por supuesto, de un equilibrio delicado. No quiero forzarla a creer algo que tal vez no sea natural en ella. Al mismo tiempo, Dios realmente está obrando en ella. Así que estoy rezando para no presionarla, sino más bien ayudarla a ver la invitación de Dios.

—Bueno, recuerde algo —replicó el padre Edward—. La espiritualidad es como los espaguetis.

El padre Paul reprimió una sonrisa. Había oído esa analogía muchas veces en el noviciado, pero dejó que su viejo director de novicios la contara de nuevo.

—Cuando mi madre, que en paz descanse, preparaba espaguetis, solía lanzar algunos espaguetis contra la pared de la cocina. Decía que si quedaban pegados, significaba que ya estaban listos. Lo mismo sucede con la vida espiritual. No todas las homilías que predicas o los puntos de vista que ofreces pegarán. Depende mucho de la situación de la persona, si está abierta a escuchar lo que tienes que decir, y si es el momento adecuado para escucharla. Un día dices algo que piensas que es profundo, y la persona simplemente se encoge de hombros. Dices lo mismo unos pocos meses más tarde, y la persona se echa a llorar. ¿Quién sabe? En otras palabras, mucho depende de la gracia. Tal vez todo dependa de la gracia.

El abad estuvo de acuerdo. Había dado suficientes homilías y aconsejado a suficientes monjes como para saber que el comentario más improvisado a veces le parecía muy sabio a la otra persona, y que los puntos de vista que consideraba útiles podrían dejar a un monje más confundido que antes de hablar con él.

—Gracias. Es una bendición estar con Anne. Y no quiero romper el secreto, pero ha sido maravilloso que ustedes dos se hayan vuelto a conectar. Imagine, haberla bautizado hace tantos años.

—También es una bendición para mí. Siempre me había preguntado qué habría sido de ella. Y fue una gracia recordar mis, mmm, días más activos.

Se puso de pie con esfuerzo y se dirigió a su librero.

Él tenía más recuerdos que la mayoría de los monjes de F&S. Técnicamente, se suponía que las celdas de los monjes no debían albergar posesiones, pero a los miembros de más edad se les daba una mayor libertad.

—Sus padres fueron maravillosos —afirmó, hurgando en una vieja caja de zapatos en su estante—. Simplemente maravillosos.

Sacó una foto amarillenta de una caja de zapatos y se la entregó al abad. Mostraba a un hombre sonriente con una cabellera abundante y canosa, sentado en el escritorio del abad. Llevaba una camisa blanca abotonada, con las mangas arremangadas, y una corbata a media asta. Estaba rodeado de un montón de papeles y una vieja calculadora, y parecía estudiar detenidamente las cuentas del monasterio. El padre Paul sonrió al ver que los muebles en la oficina del abad eran exactamente los mismos.

—¡Qué foto! ¿verdad? —dijo el abad—. ¿Su padre?

—Sí —dijo el padre Edward—. Y un buen amigo mío.

Luego le mostró otra foto de una joven pareja con una niña pequeña afuera de la iglesia de la abadía. La madre, que miraba directamente a la cámara, sostenía a la niña en sus brazos, quien extendía la mano para agarrar tres dedos de su padre.

—Es la madre de Annie, por supuesto. Una mujer muy dulce. Fueron una gran pareja. Tenía un corazón enorme, y también era muy bonita, como puede ver. Y creo que Annie heredó su belleza.

El padre Paul recordó el aspecto que tenía ella unos días pasados: bronceada y en forma, con una camisa blanca y pantalones caqui ajustados que revelaban su figura delgada. De vez en cuando, se sentía atraído por las mujeres que conocía, pero era algo que rara vez lo perturbaba. Era simplemente parte de la vida. Se recordó a sí mismo que sentiría esto si fuera un hombre casado que se viera atraído por una compañera de trabajo.

Solo se había enamorado profundamente una vez durante su vida monástica, de una mujer que conoció en una universidad católica en Minnesota durante un simposio que duró una semana, y que entre todas las cosas, giraba en torno a la vida monástica. Era una académica brillante, recién divorciada, más o menos de su misma edad, y de conversación fluida. Después de unas cuantas cenas en medio de risas, se dio cuenta de que se estaba enamorando de ella. Se escribieron después del simposio, cuando él regresó al monasterio y ella a su trabajo universitario en Ohio. Algunos meses más tarde, la mujer le escribió una carta confesando que sentía algo fuerte por él.

Él nunca le habló de su propia atracción, porque creía que revelarle esto la llevaría a pensar que había un futuro en su relación. Incluso con una buena dosis de autoconocimiento y unos pocos cientos de millas de distancia entre ellos, la relación le resultó un verdadero reto. Al final, se recordó a sí mismo la vida que había elegido y lo feliz que era como monje. Le agradeció en una carta por su amistad, pero también le dijo que escribirse con tanta frecuencia probablemente no era una buena idea para ninguno de los dos. Años más tarde, se sintió aliviado cuando ella se volvió a casar. Ahora intercambiaban tarjetas de Navidad.

Como abad, el padre Paul también sabía de algún monje que se había enamorado de otro monje. Esa era una situación más difícil, teniendo en cuenta los riesgos de la proximidad física. Por lo general, las cosas se solucionaban cuando los monjes se centraban en el resto de la comunidad, encontrando satisfacción en su trabajo y oración, y lograban poner una distancia emocional entre ellos. Sin embargo, en algunas ocasiones esto no funcionaba y uno o ambos monjes terminaban abandonando el monasterio.

El padre Paul estaba hablando con su exdirector de novicios, por lo que pensó que no estaría por demás ventilar sus pensamientos.

—Estoy teniendo dificultades con respecto a Anne.

—Ya conoce el viejo refrán —dijo el padre Edward, arrellanándose de nuevo en la silla—. Esos sentimientos no desaparecen sino hasta diez minutos después de que estamos muertos. Mientras reconozcamos esos sentimientos y recordemos como monjes que no tenemos que actuar llevados por ellos, estaremos bien. Y es importante que hable de esto con Dios en sus oraciones. Estoy seguro de que le dije esto hace mil años en el noviciado, pero esos sentimientos demuestran que está vivo.

Se encogió de hombros, y añadió:

—Por supuesto que a veces es una batalla. Pero, ¿cuál es la vida que no tiene batallas? La clave es el amor. Siempre y cuando su castidad le ayude a amar, estará bien. Porque eso es todo lo que Dios nos pide a nosotros aquí. Que amemos.

El padre Paul estaba agradecido por la voz de aliento que había recibido. Pasar el tiempo con su viejo director de novicios le recordaba también la época en la que él estaba todavía en su «primer fervor», como lo llamaban los monjes: justo después de entrar, cuando todavía pensaba que el monasterio era perfecto. La luna de miel terminó al cabo de un año, como sucede en todas las relaciones. Y vio el monasterio tal como era: un lugar donde la gente trataba de llevar una vida santa, pero que tenía la misma dosis de confusión que cualquiera otra comunidad humana. Conectarse de nuevo con los fundamentos de su vocación —por qué había entrado allí, qué le había atraído, qué significaban los votos—, reavivaba siempre su ardor juvenil, y eso le ayudaba en su vida actual.

—Además, usted ha sido una gran ayuda para Annie. Así que, ¿por qué no se relaja?

El padre Paul asintió, agradecido por el consejo.

—Bueno, Ed, iré a encontrarme con ella. Ruegue por nosotros.

—He estado haciendo eso desde que ella regresó.

El abad salió de la habitación después de darle su bendición al padre Edward. Pasó por el jardín del claustro mientras iba a su oficina. Tenía unos minutos antes de su encuentro con Anne, por lo que decidió sentarse en el banquillo y disfrutar la vista, algo que pocas veces había hecho desde su nombramiento como abad.

Las flores pequeñas y blancas de los cornejos habían desaparecido hacía varios días, al igual que las rosadas y esponjadas de los cerezos, pero las rosas rojas ya estaban en flor, y las bocas de dragón púrpura mecían sus tallos de color verde pálido por los caminos de piedra. A principios de la primavera, el hermano Stephen, el monje encargado de los jardines del monasterio, había sembrado balsaminas en los bordes de los caminos empedrados, lo que no le había gustado inicialmente al abad, pues le parecían demasiado llamativas. Pero esta noche sopesó su prejuicio: los racimos mullidos de color rojo, naranja y rosado eran preciosos bajo el sol poniente. Un arrendajo azul graznó desde las ramas de un cornejo.

Ser abad tenía algunos beneficios inesperados. Paul se inclinaba siempre por los phlox y las bocas de dragón púrpuras, flores que recordaba en el jardín de su madre, por lo que le pidió al hermano Stephen que sembrara algunas en el jardín del claustro, y Stephen dijo que estaría encantado de hacerlo. «Su predecesor», dijo Stephen sonriendo, «no podía distinguir un rosal de un arce». Paul se envalentonó y al año siguiente le sugirió que sembrara algunos arbustos de lilas, cuyo color y aroma estallaban todos los años y atraían a un gran número de mariposas.

Todas las flores se veían maravillosas en conjunto, tanto las que no le gustaban mucho como las que sí. Su gratitud se vio intensificada por su estado de ánimo alegre, iluminada por su conversación con su viejo director de novicios, y alentada por saber que pronto vería a Dios obrar en Anne. *Sí,* **pensó,** *el jardín del claustro se ve especialmente encantador esta noche. ¡Qué hermoso parece el mundo cuando las cosas tienen sentido!*

26

Anne estaba esperando al padre Paul en su oficina. Ya se sentía más cómoda en el monasterio, y también había entablado amistad con Maddy en la casa de huéspedes.

—Ya conoce el camino —le había dicho Maddy tras llegar temprano para su reunión con el abad.

—Le traje unos regalos —dijo Anne, levantándose de su silla cuando él llegó.

—Gracias. ¡Qué hermoso! —dijo el abad. En sus manos llevaba un libro rojo y grande, con cintas multicolores que salían de sus páginas, el cual dejó sobre el escritorio.

Anne extendió una maceta plástica y verde rebosante de petunias púrpuras y blancas.

—Son de mi jardín. Se han dado muy bien este año.

Miró hacia el jardín del claustro por la puerta de la oficina.

—Pero creo que traerle flores es como traerle mermelada. Parece que tiene más que suficiente de ambas.

—Pero tú las sembraste. No tenemos este tipo de flores; harán que nos acordemos de ti, y también de rezar por ti.

204 ❧ JAMES MARTIN, SJ

Le sorprendió la manera en que el abad podía transformar con tanta gracia un asunto incómodo en algo hermoso.

—Hay algo extraño que necesito consultarle —dijo ella, mientras se sentaba en la poltrona. Arrancó una pelusa del brazo de la silla—. Oh, perdón, qué descortés de mi parte.

—Pero antes de seguir, ¿cómo está?

—Estoy bien, gracias. ¿Qué querías preguntarme?

—La otra noche tuve una experiencia extraña en la capilla. ¿Recuerda cuando estábamos hablando sobre las imágenes de Dios? ¿Cuando yo pensaba que Dios palmeaba la tierra y usted hablaba de Jesús como el jardinero?

—Sí, lo recuerdo muy bien —asintió el abad con la cabeza.

—Bueno, después de que hablamos, fui a la capilla y me senté en una de las bancas. No sabía qué hacer, pues no soy muy dada a la oración. De todos modos, permanecí un momento en silencio. Y comencé a pensar en esa idea de Jesús como un jardinero. Y entonces estaba sentada y...

Hizo una pausa.

—Continúa.

—Esto le va a sonar raro.

—Te apuesto a que no me va a sonar raro en absoluto.

—Estaba sentada allí... y de repente pensé en una canción que me gustaba cuando iba a la escuela dominical, o como quiera que se llame ahora. Solíamos cantar, «La mañana ha despuntado». ¿La conoce? Era muy popular en esa época.

—¡Por supuesto que la conozco!

El padre Paul comenzó a cantar en una voz suave de barítono, «La mañana ha despuntado, como si fuera la primera. Mi mirlo ha cantado, como si fuera el primero...»

—Sí, esa es —señaló Anne—. Oye, tiene una linda voz.

Paul sonrió.

—Tener linda voz como dices es más o menos necesario aquí.

Anne rio brevemente y prosiguió:

—De todos modos, me encantaba la frase, «Alabo la dulzura del jardín húmedo, el renacer es completo por donde pasan sus pies». De hecho, le pregunté a mi mamá si eso había sucedido en realidad, y ella me dijo que todo era posible. Cuando era pequeña, yo solía pensar en Jesús caminando por el desierto, en Nazaret, en Galilea, o en donde fuera. Ni siquiera sé muy bien si hay un desierto allá, pero solía pensar que las flores brotaban bajo sus huellas en la tierra seca. Pues bien, yo estaba sentada en la capilla, y de repente, se me vino a la cabeza esa imagen de Jesús caminando por la tierra seca y dejando flores a su paso. Simplemente acudió a mi mente. Y esto es lo extraño: que él llevaba el sombrero de jardinería de mi mamá y los guantes de mi papá que yo utilizo.

Hizo con la cabeza un movimiento como de incertidumbre y prosiguió:

—Fue extraño. Fue muy vívido. No era como si yo estuviera teniendo una visión ni nada de eso. Tampoco lo vi de pie en la capilla. Era más como si él simplemente acudiera a mi mente por su propia cuenta. Pero realmente fue hermoso. Nunca me había sucedido nada semejante. Y sin embargo, fue agradable. ¿Es normal eso?

El abad sonrió.

—Sí, lo es. No es algo que suceda todos los días, pero este tipo de experiencias son bastante comunes en las personas que empiezan a rezar. Y es un verdadero regalo cuando sucede. ¿Ocurrió algo más?

—Bueno. Sentí deseos de hablar con él, así que le dije: «Lo extraño». Y entonces él respondió...

Hizo una pausa y se miró la camisa blanca y los pantalones rojos de lino.

Paul esperó.

—Él respondió... «Lo sé».

La voz le tembló. Podía recordar ese momento con mucha claridad.

—Fue muy hermoso. Fue como si él lo *supiera* realmente. Y que realmente estuviera triste por mí. Y justo ahora, mientras estamos sentados aquí, me estoy acordando de esa pregunta que me hizo sobre cómo se sentía Jesús. Ahora percibo que él realmente sentía pena por mí.

Miró al abad.

—No sé muy bien qué pensar acerca de esto. ¿Será una locura?

—Definitivamente, no. Es todo lo contrario de la locura.

—Entonces, ¿fue esto producto de mi mente, o realmente sucedió?

—¿Y por qué no las dos cosas? Dios puede obrar a través de tu imaginación. ¿De qué otra manera vendría Dios a ti en la oración? Después todo, él creó tu imaginación. ¿Y sabes qué? Jesús *siente* pena por ti. Y realmente no basta con «sentir lástima». Jesús se siente *a tu lado*. Tiene compasión por ti.

Anne pensó en los momentos en que sabía que otra persona no solo le daba palmaditas en el hombro, sintiendo lástima por ella, sino que la acompañaba en medio del dolor. Había una gran diferencia en ello.

—Nunca había sentido algo así: me refiero a la oración.

—Tal vez Dios ha estado esperando el momento adecuado para acudir a ti de esta manera. Y creo que eso es hermoso. ¿Puedes confiar en todo esto?

—Creo que tengo que confiar en que no estoy perdiendo la cabeza.

—Bueno, en ese caso todos los santos y personas que han tenido experiencias parecidas mientras rezaban también han estado perdiendo la cabeza. Incluido yo.

—¿Ese tipo de cosas sucede mucho en la oración?

—Todo tipo de cosas suceden en la oración. El tipo de imágenes que experimentaste son solo una de las formas en que Dios acude a nosotros. Algunas personas sienten básicamente emociones que se manifiestan como alegría o satisfacción cuando están pensando en Dios. Otras personas tienen recuerdos que surgen, tal vez de su infancia, y sienten que los sanan de alguna manera. O les recuerda lo mucho que Dios los amaba incluso cuando eran jóvenes. A veces es solo una idea, como resolver algo acerca de un problema que te ha estado molestando. Todas esas cosas pueden suceder. Pero a veces parece como si no ocurriera nada, lo cual puede ser muy frustrante. Sin embargo, en esos momentos tenemos que confiar en que Dios está obrando en lo más profundo de nosotros. Porque cualquier momento que pasemos en presencia de Dios es transformador. Pero realmente, nuestro trabajo principal en la oración es simplemente estar presentes para Dios y abrirnos. «Asómate y cállate», como le gusta decir a uno de los monjes aquí.

Anne escuchaba atentamente.

—Sí, pero cuando hablas de algo, sucede. La pregunta es, ¿crees que se trata de Dios hablando contigo y diciéndote que a él le importa? ¿Puedes creer que es real?

Anne miró el cielo oscuro por la ventana. Todo el día había esperado su encuentro con el abad. Durante el almuerzo, Kerry había bromeado después que le dijera lo mucho que disfrutaba sus visitas a la abadía. «Querida hermana Anne», le escribió en un correo electrónico más tarde ese mismo día. «Por favor acuérdate de enviarme un poco de mermelada cuando entres al convento».

Eso no tenía ningún sentido; obviamente, Anne no iba a entrar a ningún convento, y de todos modos en el monasterio no había mujeres. Pero lo encontró gracioso y le contestó: «Que Dios te bendiga, hija mía».

¿Cómo había llegado a este lugar, donde un monje le estaba preguntando si ella creía en la presencia de Dios en su vida? ¿Había sido una casualidad que su auto se averiara y que Mark la trajera aquí esa noche en que llovía a cántaros? ¿Se habría sentido cómoda llamando a Mark si él no hubiera ido a su casa el día anterior para informarle que los chicos habían roto una ventana mientras jugaban béisbol? Pensó en su conversación con Brad y en la expresión de su rostro cuando le dio el guante de béisbol. Se alegró de haberlo podido consolar después de tanto tiempo.

Luego, cuando estaba sentada en la oficina del padre Paul, recordó un momento en la vida de Jeremiah que había olvidado desde hacía mucho tiempo: cuando él le habló de su primer batazo en las Pequeñas Ligas. No había estado allí para verlo, y fue cuando se prometió a sí misma que nunca se perdería otro juego, pero oírlo describir lo que sintió al golpear la bola y llegar a primera base le pareció más dulce que verlo con sus propios ojos. La cara de su hijo tenía una expresión de un placer absoluto. Irradiaba alegría mientras le contaba la historia. Este fue el recuerdo que acudió a ella.

De pronto se sintió más liviana, como si algo nuevo se hubiera abierto para ella. No es que ya no estuviera triste por Jeremiah, o que no quisiera tenerlo de nuevo a su lado. Quería tenerlo de vuelta más que nada en el mundo. Y no era que no siguiera enojada con Dios. Pero sintió otra cosa. Sintió de veras que Dios había estado con ella ese día en el jardín. Sintió que Dios realmente se compadecía de ella. Y eso no lo podía ignorar.

Y entonces afirmó:

—Sí. Creo que puedo creer en eso.

—Me alegro —repuso el padre Paul reclinándose en su silla—. Porque ese es el primer paso en la oración: confiar en que estas cosas que te suceden vienen de Dios. Piensa en ello: ¿de qué otra forma vendría Dios a nosotros? La mayoría de las veces Él acude a nosotros a través de cosas cotidianas, como las relaciones y el trabajo, la familia y los amigos. Pero a veces, mientras estás en tu jardín y en la capilla, Dios acude de formas muy personales. ¿Y sabes qué es lo genial de esto? Que es algo que está hecho a tu medida, Anne. Dios usa las cosas de tu vida para hablar contigo: tu amor por la jardinería, el sombrero de tu mamá, los guantes de tu papá. Es algo así como las parábolas.

—¿Perdón? ¿Las parábolas?

—Sí. Déjame explicarte.

Se quitó los lentes para limpiarles el polvo, lo que hizo usando el dobladillo de su escapulario negro.

—Lo que quise decir es que, en las parábolas, Jesús usó las cosas de la vida diaria de la gente, como aves y semillas y nubes y cosas con las que estaban familiarizadas las personas de su época, y las convirtió en historias para ayudarles a entender el amor de Dios. Lo mismo sucede en nuestras propias vidas. Dios usa las cosas cotidianas para ayudarnos a entender su amor por nosotros. Te habla de maneras que tú, Anne, puedes entender, usando cosas de tu vida, cosas que te gustan, para encontrarse contigo allí donde estés. Eso es algo que nunca deja de sorprenderme.

—La verdad es que no sé muy bien qué hacer con todo esto, padre Paul.

—¿Por qué no dejas que Dios tome la iniciativa? ¿Por qué no te abres simplemente a las maneras en que Dios quiere estar contigo?

—De acuerdo —repuso ella dando un suspiro—. Pero sigo extrañando a Jeremiah.

—Claro que sí. Y no dejarás de extrañarlo. Pero te diré algo que no quería decirte al principio, porque pensé que podrías malinterpretarlo. ¿Crees que te sirva de algo saber que Jeremiah está con Jesús el jardinero? La misma persona que te recibió en la oración es la que le dio la bienvenida a tu hijo con los brazos abiertos en el cielo.

Al oír eso, Anne dejó caer la cabeza sobre el pecho.

—Tal vez no debería haber dicho eso, pero lo creo.

Anne observó el campanario a través de las hojas del jardín, y recordó las palabras de su padre, quien decía que la iglesia se elevaba como el mástil de un barco que aparecía lentamente en el horizonte.

—Sospecho que yo también lo creo.

Sonó el timbre para Completas.

—¡Oh! Esas campanas siempre me sorprenden, incluso después de veinticinco años.

Se levantó y enderezó su escapulario.

—¿Te gustaría unirte a nosotros?

—¿Por qué no?

27

Mark estaba agradecido de que Anne le hubiera permitido convertir el garaje en un taller. Al final del verano, había terminado de sacar la basura que habían dejado los dos inquilinos anteriores, pintado las paredes de bloques de cemento de un blanco brillante, e instalado un nuevo sistema de iluminación que Anne ciertamente agradeció. No era un taller tan elegante como el que tenía su mentor en Cambridge, pero era un comienzo auspicioso.

Durante las últimas semanas, había reunido dinero suficiente como para comprar las herramientas básicas de carpintería, que ahora colgaban en tableros que había pintado de blanco y clavado en la pared. Durante el verano, podía guardar la madera en su camioneta, así que tendría más espacio para trabajar en el garaje. Y no le faltaba qué hacer. Atraídos por el ruido aparentemente irresistible del martilleo y el serrucho, los chicos de su cuadra ya habían asomado varias veces la cabeza en el garaje, asegurándose de que sus padres supieran lo que hacía Mark, y de que le encargaran trabajos. Brad se interesó mucho en el taller y comenzó a ir

212 ❖ James Martin, SJ

con cierta frecuencia para echarles un vistazo a las herramientas y hablar con él de chicas y autos.

—Tal vez no sea el mejor para darte consejos sobre chicas —le dijo un sábado por la tarde a finales de agosto.

Lijaba un pequeño librero de pino que había elaborado para instalarlo arriba del escritorio desordenado del padre Paul. Sería una sorpresa para él. Estaba agradecido por los consejos que le había dado el abad en los últimos meses, y pensó que sería una buena manera de expresarle su agradecimiento.

—¿Está bromeando? —le había dicho Brad, sentado con las piernas cruzadas en el piso de cemento y mirando a Mark—. Vi a esa chica con la que salió hace unos meses. Era alta y tenía un Mercedes. ¡Era muy sensual!

—Eso no es siempre lo más importante en el mundo; me refiero a lo sensual.

Brad abrió los ojos desmesuradamente, como en las tiras cómicas, y Mark se rio.

—Te enseñaré la manera correcta de lijar —le dijo—. Tal vez sea más fácil aprender eso.

En las últimas semanas, el padre Paul había cumplido su promesa de encontrarle más trabajos de carpintería en la abadía. Ya había terminado una pequeña mesa de roble para la capilla en la que iría un jarrón de flores al lado del cuadro de María. La vieja mesa de metal era demasiado endeble; amenazaba con venirse abajo si algún monje la rozaba con su hábito, de modo que Mark se ofreció a hacer otra. Cada vez que iba a la capilla, se detenía para mirar la nueva mesa, que era delgada pero sólida.

—El orgullo es uno de los siete pecados capitales —le dijo un día el hermano Robert con una sonrisa socarrona cuando vio a Mark contemplando su mesa.

Anne se sentía contenta de que Mark hubiera reacondicionado el garaje, pues nunca había encontrado el tiempo para hacerle una limpieza general. También respetaba sus habilidades para la carpintería y estaba feliz de ayudarlo en su trabajo. Aún notaba que Mark seguía interesado en ella en términos románticos, pero no le interesaba salir con alguien que tenía fama de mujeriego, por más amable que fuera. Sin embargo, se sentía contenta de apoyarlo. Él parecía apreciar esta distensión romántica y la trataba con un afecto contenido pero evidente.

Cuando Anne le preguntó cuánto le debía por la pintura y las reparaciones en el garaje, él negó con la cabeza.

—Me estás ayudando —le había dicho—, así que no te costará nada. Las mejores cosas de la vida son gratis.

Era lo mismo que le había dicho el padre Paul cuando ella se ofreció a pagarle por lo que consideraba que eran sesiones de dirección espiritual (había leído ese término en un volante que había levantado de la casa de huéspedes). Sin embargo, hizo una donación anónima al monasterio. Se sintió halagada cuando el abad le dijo que el hecho de que alguien hubiera dado fondos para ayudar a remodelar la capilla era una verdadera bendición. Lo primero que haría, dijo él, sería sustituir la mesa metálica que había junto al retrato de María.

La vida de Anne había cambiado durante el verano, algo que ella atribuía no solo a la obra del tiempo, sino a los momentos que había pasado en la abadía. El rostro del padre Paul adquirió una expresión seria cuando ella le dijo esto unos días atrás, después de llevarle más flores.

—No fue la abadía la que hizo esto por ti —dijo él—. Fue Dios.

—Sí, es cierto, pero si yo no hubiera venido a la abadía, nada de esto habría sucedido.

—¿Y quién crees que te trajo aquí?

Iba a decir Mark pero se contuvo, comprendiendo el pensamiento del abad. Así que simplemente se rio. Seguía enojada con Dios por llevarse a Jeremiah. Y aún tenía dificultades para creer que Dios estaba detrás de todo lo bueno que ocurría. *Pero tal vez,* pensó, *está detrás de algunas cosas buenas.*

Había decidido conservar las fotos de Jeremiah en la pared de la sala. De hecho, había puesto otras. Colgó una foto de su bautismo tomada por su mamá al lado de la última foto escolar de su hijo. La había encontrado en una caja que estaba en el garaje y que desde hacía mucho tiempo había dado por perdida. La enmarcó para que hiciera juego con la foto escolar de Jeremiah que tanto le gustaba. Ella y su esposo sostenían a su pequeño hijo, quien parecía estar gritando a todo volumen, y no obstante se veía radiante. A sus padres, que estaban detrás, los miró con tristeza. Sonreían levemente y de un modo autocomplaciente. Se le ocurrió que probablemente tenían esa misma expresión ahora en el cielo, después de haberla visto pasar tanto tiempo en la abadía. En cuanto a ir a misa de nuevo, sintió que aún no estaba preparada pero lo veía como una buena posibilidad para más adelante.

Al lado de la foto del bautismo de Jeremiah estaba la de su propio bautismo, aquella que le había dado el padre Edward. A su vez, ella le había regalado una copia enmarcada que él puso en su escritorio. Hacía unos días, él le había dicho que todas las noches rezaba por Jeremiah y por ella.

28

Un domingo por la noche a finales del verano suena la campana para anunciar Completas en la Abadía de los Santos Felipe y Santiago en los suburbios de Filadelfia. Los monjes entran en silencio a la iglesia y toman asiento después de hacer profundas reverencias en dirección al altar. Los casi veinte monjes parecen hombres corrientes. Si no fuese por sus largos hábitos negros y blancos, bien podrían pasar por contadores, abogados, plomeros, maestros o carpinteros.

El abad, un hombre delgado, de mediana edad, con lentes de gran armazón color negro, golpea con los nudillos de su mano derecha la madera de la silla donde está sentado para señalar que las oraciones están por comenzar. Al lado del abad está un monje mayor, encorvado pero con la cabeza poblada de pelo canoso, que ha dejado su caminador metálico al lado de la sillería.

El sol se está poniendo, y los gruesos vitrales de las ventanas no admiten el paso de la luz. En cambio, la iglesia misma es una fuente de luz, y desde afuera, las ventanas brillan con un azul profundo, casi violeta.

«Que mi oración nocturna ascienda ante de ti, oh Señor», canta el oficiante.

«Y que tu bondad amorosa descienda sobre nosotros», responden los monjes.

En la parte posterior de la iglesia, sección de visitantes, hay seis personas sentadas en diversos lugares. Una es una viuda de edad avanzada que lleva varios años yendo al monasterio, atraída por la belleza física del lugar. Otra es un estudiante universitario que quiere ser sacerdote o monje, pero que está muy lejos aún de decidirse. Luego, haya una pareja de mediana edad, profesores de una universidad cercana, agnósticos pero aficionados a los cánticos. Y al fondo, más cerca de la puerta, hay dos personas más.

Una es el encargado de mantenimiento y el carpintero de la abadía. Según se puede leer en el directorio telefónico del monasterio, es el «Director de la Planta Física». Normalmente, el domingo es su día libre, pero ha venido para terminar de tinturar un par de libreros de arce que ha construido para la biblioteca. Es su trabajo de carpintería más ambicioso hasta la fecha, y lo ha disfrutado.

Hombre alto, de pelo largo y rubio, el carpintero es siempre bienvenido a las oraciones del monasterio, aunque rara vez asiste. Esta noche, sin embargo, mientras el verano llega a su fin y el tiempo se hace más frío, el mundo le parece más hermoso. Unas horas antes, mientras tinturaba las estanterías, sintió un estallido repentino de alegría y rectitud, como si este fuera el lugar donde se suponía que debía estar. Tiene que reconocer que no muchas cosas de su vida han cambiado. Aún no ha encontrado a la mujer apropiada, tal como ha estado esperando. Pero es un poco más feliz en su trabajo, y ha querido agradecerle a Dios por eso. Se ha quitado la gorra de los Medias Rojas después de entrar a la iglesia, se ha sentado en una banca desocupada y cerrado los ojos.

Tres filas detrás, está una mujer de tez bronceada, de mediana edad, con una camiseta de los Phillys y unos pantalones vaqueros desteñidos. El carpintero no puede verla, y ella no le diría que había estado allí sino hasta unos días más tarde, cuando ambos se ríen de la coincidencia. Ha pasado un día agradable desmalezando su jardín y preparando una cena relajante para una compañera del trabajo. Pocos minutos antes, ha visitado al monje anciano del caminador, que fuera amigo de su padre y de su madre.

Al verla, cualquiera podría preguntarse qué la ha llevado allí. ¿Será una católica devota? ¿Porque quién más podría pasar un domingo por la noche en un monasterio? Sin embargo, no lo es. Está muy lejos de lo que cualquiera llamaría un feligrés, y no podría recordar la última vez que ha ido a misa. ¿Habrá estado viniendo aquí durante varios años y se conoce muy bien el monasterio? Eso tampoco le haría justicia. Solo conoce a unos pocos monjes. ¿Será una especie de turista espiritual probando con esta tradición y que, habiendo descubierto recientemente el monaquismo, podría seguir con su vida una vez que su interés se desvanezca? Eso tampoco es exacto. Su atracción es más profunda. Por último, ¿se tratará de un alma perdida, sin conexiones reales en su vida? Eso también sería un error porque ella se siente conectada con sus amigos, con su hijo difunto, y ahora, de una nueva forma, con su fe, o por lo menos con *una* fe. Al igual que la mayoría de las personas, no podría ser clasificada con facilidad.

No obstante, si se la observara con mayor detenimiento, podría verse una cosa con claridad. Mientras los monjes cantan su oración al final del día, su mirada se dirige a una imagen de María que sostiene en sus brazos a Jesús, y que está sobre una mesa junto a una pared lateral de la iglesia. A su lado hay otra mesa más pequeña, con un jarrón lleno de bocas de dragón púrpuras. La mujer mira la imagen varias veces durante Completas.

También se la vería cantando con los monjes. Una canción que su padre solía cantar, y que ella había olvidado durante mucho tiempo.

Pero que ahora se sabe de memoria.

Agradecimientos

Esta novela es producto de un sueño, de modo que Anne, Mark y Paul son personajes que no representan a individuos de la vida real, salvo tal vez de manera inconsciente y muy general. Además, aunque las conversaciones están basadas en experiencias que he tenido como director espiritual y como alguien que las ha recibido, ninguna se basa en una sola persona o situación. Las experiencias, las dificultades y las preguntas de Anne son comunes en la vida espiritual, al igual que las de Mark y las del padre Paul. Por último, la abadía de los Santos Felipe y Santiago no es un lugar real, sino que se deriva de mis experiencias con monjes y monasterios trapenses y benedictinos en Estados Unidos.

Me gustaría agradecer a los lectores de la primera versión de este manuscrito, quienes me ofrecieron generosamente sus valiosas sugerencias: Jim Keane; Ron Hansen; Kathleen Norris; William A. Barry, SJ; Janice Farnham, RJM; Kerry Weber; Dan Pawlus; Louise Murray; Liza Fiol-Matta; Paul Mariani; y James Palmigiano, OCSO. Mi gratitud a una humilde editora de este manuscrito que quiere permanecer anónima, pero que mejoró el libro inmensamente con sus ediciones, comentarios, agregado y asesoramiento. Gracias a Joseph McAuley por su excelente disposición para incorporar todos los cambios sugeridos. Gracias a Heidi Hill por comprobar todos los hechos y asegurarse de que las flores brotaran en el orden adecuado. Y en HarperOne, gracias a Roger Freet y a Michael Maudlin por su aliento y apoyo, y a Noël Chrisman y Ann Moru por su maravilloso cuidado con el manuscrito.

Sobre todo, gracias a Dios por el sueño, y por todo lo demás.